DeRose
Grão-Mestre da Ordem do Mérito das Índias Orientais

VIAGENS À ÍNDIA DOS YÔGIS

EXTRATO DO LIVRO *QUANDO É PRECISO SER FORTE*

SOB A CHANCELA DA

UNIVERSIDADE DE YÔGA

registrada nos termos dos artigos 45 e 46 do Código Civil Brasileiro sob o nº. 37959 no 6º. Ofício

Al. Jaú, 2000 – Tel.(00 55 11) 3081-9821 – São Paulo

Endereços nas demais cidades e países encontram-se no *website*:

www.uni-yoga.org

Produção editorial totalmente realizada em Word pelo autor (digitação, ilustrações, fotos, paginação etc.)
Capa: Takeshita
Revisão da obra como um todo: Fernanda Neis
Revisão de português: Aida Ferrás
Book designer: DeRose
Produção gráfica: DeRose Editora

Impressão: Cromosete Gráfica e Editora Ltda.

DADOS INTERNACIONAIS DE CATALOGAÇÃO NA PUBLICAÇÃO (CIP)
(ELABORADO PELO AUTOR)

DeRose, L.S.A., 1944 –
Viagens à Índia dos yôgis (extrato do livro Quando é Preciso Ser Forte)
DeRose. – São Paulo :
DeRose Editora ; 2009.

Bibliografia

1. Índia 2. DeRose 3. Oriente 4. Viagens I. Título

ISBN 978-85-62617-00-3

Porque este livro foi impresso em papel reciclado

Quando penso nos milhares de livros, jornais e revistas que são impressos todos os dias, muitos dos quais não têm a menor relevância e que vão para o lixo comum sem sequer poderem ser reaproveitados, não posso deixar de imaginar a quantidade de árvores abatidas inutilmente.

Qualquer pessoa com um mínimo de consciência ambiental preocupa-se com a destruição das florestas para a produção de papel. Mas não são só as árvores. Na produção industrial do papel, consome-se água, poluem-se os rios, suja-se o ar, gasta-se energia e contribui-se para o aquecimento global. O próprio solo, do qual são retiradas as árvores, deixa de receber de volta os elementos nutritivos que foram extraídos dele para o crescimento da madeira, agora retirada do seu local de origem e levada aos milhões de toneladas para as indústrias. Solo esse que poderia ter sido usado no plantio de alimentos suficientes para aplacar a fome no mundo.

Reciclar é preciso. Trata-se de um indício seguro de civilidade e constitui a única saída para um planeta superpovoado, poluído e padecendo de uma crescente escassez de recursos naturais.

Por isso mesmo, deixa-nos perplexos que escritores inteligentes e bem-intencionados não tenham exigido até agora a utilização em seus livros do papel reciclado. E as editoras não o utilizam porque no presente momento em que publicamos esta obra o reciclado é mais caro do que o papel comum.

Não importa se o custo de edição vai me sair mais caro. Meus leitores fazem parte de uma tribo engajada, responsável, com a consciência de que vale a pena um pequeno esforço de cada um em prol da proteção ambiental, em benefício de todos.

Temos a certeza de que outros autores e editoras seguirão o nosso exemplo e logo passarão a imprimir suas obras com papel reciclado, sem desmatar e sem destruir tantos milhares de árvores.

DeRose
www.Uni-Yoga.org/blogdoderose

"Só posso crer num deus que saiba dançar."

Nietzsche.

Devo render aqui uma homenagem de gratidão a Srí Yôgêndra e ao Dr. Jayadêva, dos quais tive o privilégio de receber, pessoalmente, instruções sobre o Yôga Antigo, no Yôga Institute, em Bombaim (hoje, Mumbai).

E a Srí Krishnánandají, que me concedeu a graça do seu ensinamento, de 1975 *a* 1994, *no Shivanánda Ashram, em Rishikesh, Himalaya.*

DEDICO ESTA EDIÇÃO À MINHA AMIGA MÁRCIA DE LUCA, PROFESSORA DE YOGA, MEDITAÇÃO E AYURVEDA.

Página de apoios:

Este livro tem o apoio cultural da
Embaixada da Índia no Brasil e
Embaixada da Índia em Portugal

Apoiamos e somos apoiados pelo
Rotary Club São Paulo Morumbi
Distrito 4610

Este livro é recomendado por:

Ordem dos Parlamentares do Brasil

Academia Brasileira de Arte, Cultura e História

Campanha em prol da cidadania: "Defesa Civil somos todos nós."

ÍNDICE GERAL

Imensa estátua de Shiva Shankar, o criador do Yôga Pré-Clássico.

As viagens à Índia

No momento em que escrevo este livro, contabilizo mais de 20 anos de viagens à Índia, porém, a maior parte deste material refere-se apenas às primeiras, quando eu era bem jovem e as experiências nesse país constituíam uma descoberta atrás da outra.

Quando comecei a viajar para dar cursos noutras cidades, muita gente implicou com o fato de eu ser muito jovem e não ter ido à Índia. Utilizavam isso como alavanca para questionar o que eu dissesse.

O clímax dessa situação ocorreu em 1975. Recém-chegado a São Paulo, minha amiga, Helena Alonso, sempre empenhada em me introduzir no ambiente de Yôga da cidade, esforçava-se para apresentar-me a todos os professores locais. Alguns eram bastante cordiais, mas outros tinham um ego deste tamanho e pareciam sentir-se inseguros, pois revelavam-se bem grosseiros em retribuição à minha visita de boa vontade.

Um dia, Helena levou-me a conhecer certa academia, cuja diretora começou imediatamente um interrogatório. Inicialmente, umas perguntas marotas sobre o SwáSthya Yôga. Como eu, apesar de jovem, respondia sem hesitar e a tudo respaldava com argumentos bem documentados que ela desconhecia, a ilustre colega tirou o quinto ás da manga e perguntou, primeiro cautelosamente:

– Prof. DeRose, o senhor já foi à Índia?

Como em meados de 1975 ainda não havia ido, ela recuperou a arrogância e disparou:

– Pois eu fui, *meu filho*.

Em alguns segundos eu fora *promovido* de "professor" a "meu filho"! Ora, eu sabia que quase todos os ensinantes de yóga, quando vão à Índia, fazem-no como meros turistas. Apreciam monumentos, ruínas, passeiam, fazem compras, visitam fazendas de gado de corte e comem churrascos. Mas quase ninguém visita os Mestres e escolas importantes, onde se pode encontrar um Yôga de boa qualidade. A maior prova disso é voltarem ao Brasil pronunciando yóga, com ***ó*** aberto, demonstração cabal de que nem sequer ouviram essa palavra na Índia, pois naquele país todos pronunciam Yôga, com ***ô*** fechado.

No entanto, não pude nem dizer mais nada. De cima da sua soberba por ter ido à Índia, essa senhora atropelou tudo o que tentei falar dali para frente e, a qualquer coisa que eu colocasse, ela voltava a golpear violentamente com seu único trunfo: o da manga...

Com o passar do tempo, tendo cenas como essa se repetido várias vezes, cheguei à conclusão de que o meu caminho seria muito dificultado se não fosse lá na fonte. Assim, decidi ir. Porém, não tinha recursos para uma viagem daquela envergadura. Na época não era tão fácil quanto agora e eu estava em início de carreira. Noutras palavras, era paupérrimo.

COMO CONSEGUI IR À ÍNDIA PELA PRIMEIRA VEZ

Aí aconteceu outro acaso. Fui dar um curso em Belém do Pará. O time de oposição, como sempre, cumpriu o seu desairoso papel caluniando e boicotando tudo o que pôde. Felizmente o curso teve um retumbante sucesso e produziu grandes instrutores, cujas escolas tornaram-se famosas e respeitadas em Belém na década de 1970.

Tão logo retornei ao Rio, onde morava na época, veio me visitar o discípulo de um dos professores de Belém que haviam boicotado nosso curso, trazendo a seguinte proposta:

– Meu Mestre não participou do seu curso devido a um monte de fofocas que fizeram e ele se deixou levar. Quando o senhor viajou, os que participaram teceram bons comentários sobre a sua pessoa e ele ficou muito arrependido por havê-lo desapoiado...

– Muito bem. Diga-lhe que venha assistir o próximo.

– Acontece que ele não pode viajar e pede para o senhor dar o curso particular na casa dele, lá em Belém.

– Desculpe-me a franqueza, mas o seu Mestre não regula muito bem. Primeiro, ele boicota o meu curso. Depois quer que eu volte para dar o curso outra vez, particular, especialmente para ele! Só rindo.

– Espere um pouco, professor. Nós pagamos o que o senhor pedir.

Bingo! Ali estava a viagem à Índia (afinal, Belém já é quase meio de caminho entre o Rio e Nova Delhi...).

Marquei para o curso uma data que me permitisse participar também de um congresso internacional de Yôga que iria ocorrer em Bogotá e cobrei uma quantia com a qual comprei um bilhete Rio, Belém, Bogotá, Paris, Delhi, Frankfurt, Genève, Kopenhagen, Paris, Rio.

O INÍCIO DA VIAGEM – AS ESCALAS

Ministrei o curso na casa do tal professor em Belém. Ele ficou satisfeito e eu segui para o congresso em Bogotá. O congresso em si não teve nada de interessante.

Mas ocorreu algo que merece registro. No Rio, nosso pessoal se reunia eventualmente depois das aulas num restaurante chamado Chalé Suíço. Em Bogotá, na saída do congresso, procurando onde jantar, encontrei um lugar com o mesmo nome. Com a saudade que estava sentindo dos meus alunos e amigos, dirigi-me logo ao Chalé. Não obstante, quando cheguei diante da porta, algo me deteve. Pensei: "Hoje é Dia do Mestre, 15 de outubro. A esta hora, lá no Brasil, meus alunos devem estar fazendo alguma comemoração. Vou telefonar, antes que saiam todos." Liguei da cabine mais próxima. Atendeu Eliane Lobato:

– Que coincidência você telefonar. Estávamos fazendo, justo agora, uma mentalização para que você faça boa viagem e corra tudo bem.

Nesse momento ouvi uma forte explosão. Acabamos de falar e terminei dizendo que iria jantar no Chalé Suíço em atenção a eles.

Parece que os pássaros gostam do DeRose. Das muitas vezes em que ocorreram cenas assim, duas delas foram capturadas por pessoas que tinham câmeras à mão.

Acima: Uma pombinha pousou no ombro do Mestre em um movimentado congresso de Yôga, em 1973. Alguém viu a cena e não resistiu: bateu uma foto.

Abaixo: Um pássaro pousou na cabeça de DeRose na saída do tumultuado Aeroporto de Bombay, Índia, em 1980. Joris Marengo, Milton Aizemberg e Rosângela de Castro observam com fisionomias muito expressivas!

Não pude. Quando cheguei lá o restaurante não existia mais. Havia explodido e as pessoas que estavam jantando, jaziam laceradas na rua, para onde foram atiradas. Permito-me o direito de considerar que fui salvo pelos meus discípulos.

De Bogotá, rumei a Paris, onde fiquei morando por uns tempos. Aproveitei para fazer um curso na Université de la Sorbonne Nouvelle (Faculté Censier) e aperfeiçoar o meu francês. Esse período foi muito bom para me amadurecer e projetar numa realidade maior do que a vidinha provinciana do Rio de Janeiro. Fiz bons contatos com instrutores de Yôga da Europa e pude realizar uma avaliação mais adequada do padrão do nosso trabalho no panorama mundial.

Causou-me impressão a quantidade de alunos e amigos que encontrava no metrô, restaurantes e museus. Parecia que o Brasil tinha Paris como estação de férias, mas nem ao menos era época de férias! (Ao contrário: muitos artistas e intelectuais haviam pedido asilo político durante a ditadura). Graças a conexões de alguns desses alunos, acabei dando uma palestra no Centro Sivánanda, na rue du Cherche-Midi e um breve curso numa escola de expressão corporal na rue des Trois Frères.

Foi um período muito construtivo. Tornei-me frequentador assíduo do Boulevard Saint Michel, reduto, na época, dos estudantes da famosa universidade multi-secular, a Sorbonne. Um dos meus pontos favoritos era a livraria Gibert Jeune onde, onze anos depois, em 1986, outra vez um atentado terrorista explodiu uma bomba justamente quando estávamos lá comprando uns livros. Esse foi por pouco. Tivemos uma intuição e saímos da loja para olhar uns *posters* do lado de fora. Nesse momento explodiu o lado de dentro. Afastamo-nos do prédio que começava a se incendiar. Então, sabendo que felizmente não houve vítimas fatais, tirei umas fotos e entramos num dos restaurantes próximos para comemorar o fato de estarmos vivos!

Mas estas últimas cenas são de um outro filme. Voltemos à primeira viagem, onze anos antes, em 1975.

A PARTIDA PARA A ÍNDIA

Chegado o momento certo deixei Paris e voei para Delhi. Foi um choque cultural enorme, contudo, bastante ilustrativo.

A primeira emoção foi sobrevoar o deserto de Thar. O avião voava a 900 km por hora e já havia quase meia hora de areia, às vezes clara, às vezes avermelhada, mas, por certo, sempre escaldante. Num dado momento, um oásis! Que sensação indescritível. Reagi quase como se estivesse caminhando lá embaixo, sedento. Era só um tufo de pequenas palmeiras e grama verde, mas... que imagem bonita e tão rica em vida, comparada com aquelas areias estéreis e inclementes.

Às vezes aparecia um povoado em torno de um oásis, outras vezes sem ele. Dava para enxergar as trilhas de camelos, marcadas na areia mais dura, como verdadeiras estradas, tão longas que perdiam-se no horizonte sem um cruzamento sequer. Todos já vimos isso em fotos ou filmes, mas estar ali em cima era outra coisa. Nas rarefeitas aldeias, aquela gente isolada do mundo, vivia de quê? Se não havia agricultura, água, matérias primas? Viveriam só de pastorear cabras, a um calor de 50°C de dia e 10 negativos à noite, e nunca pensaram em sair dali?

Começaram, então, a aparecer nacos esparsos de vegetação desértica, amarelada. Ao longe, uma visão inesquecível: o fim do deserto. Eu imaginava que os desertos fossem acabando pouco a pouco, com a modificação gradativa do tipo de solo. No entanto, visto lá de cima era impressionante. Aquele deserto acabava de repente, numa linha bem demarcada, onde as areias bruscamente paravam. Vegetação verde, estradas asfaltadas e uma incrível multiplicidade de vilarejos, marcava o início da, assim chamada, civilização.

O oposto dessa experiência foi um outro voo, sobre os Himálayas. O avião estava poucos metros acima das geleiras e uma senhora perguntou ao comissário de bordo, por que estávamos voando a tão pouca altitude.

– Não estamos voando baixo, madame. As montanhas é que são muito altas!

Que coisa linda! Milhares de quilômetros de montanhas cobertas de neve, enrugadas, comprimidas umas contra as outras, algumas altivas, destacando seus picos majestosos. De um lado batia o sol e do outro havia sombra, num contraste de cores enriquecido pela dinâmica da aeronave, proporcionando um espetáculo inimaginável. E saber que, tal como no deserto, não havia quase ninguém lá embaixo, a não ser o Yeti e uma ou outra aldeia encravada num vale. E estes, como será que sobreviviam ali? O ser humano é mesmo obstinado!

Em minhas viagens passei por mais uma experiência que eu gostaria de repartir com você. Já assistiu a um pôr-do-sol que não acabasse? Estávamos viajando numa direção em que acompanhávamos o sol em seu descenso. O céu ficara alaranjado e violeta em toda a extensão da linha do horizonte. O sol, vermelho, podia ser observado sem ferir os olhos e estava descendo lentamente. Dentro do avião, tudo parou para observar o crepúsculo. Exclamações de admiração e cliques de câmeras pipocando, longe de perturbar, até enriqueceram a magia do momento. Só que o "momento" não terminava! Habituados à curta duração de um fenômeno assim, visto do chão, todos a bordo comentavam a beleza que estava sendo, poder observar à vontade e ainda jantar à luz desse pôr-de-sol que durou quase uma hora.

Tudo isso move a minha gratidão à profissão de instrutor de Yôga. Se não fosse por ela, eu não teria podido viajar tanto e vivenciar experiências tão fascinantes.

Outra grande emoção foi quando os trens de aterrissagem do avião tocaram o solo da Índia. Senti-me comover. Eu estava mesmo na Índia, aquele país legendário do qual ouvira falar desde criança. A Índia dos filmes de aventura, dos contos fantásticos e dos livros de Yôga. A Índia dos faquires e dos marajás, dos elefantes e dos templos. E eu estava lá!

Dali para frente foi um misto de surpresas e decepções, alegrias e tristezas. Afinal era como devia ser, pois a Índia tornou-se conhecida como o país dos contrastes.

Primeiro, fiquei um pouco embaralhado com a confusão à saída do aeroporto. Todos os indianos são tão solícitos que um quer levar a mala, outros querem providenciar o táxi e mais uns quantos disputam para indicar o hotel. Dei azar. Aceitei a indicação do mais simpático e acabei num hotel tão distante do centro de Nova Delhi que parecia outra cidade. No dia seguinte mudei-me para um mais bem localizado e menos dispendioso. Se um dia você for a Delhi, é aconselhável ficar em algum hotel próximo a Connaught Place e Janpath Street, onde estão situadas quase todas as coisas mais importantes de Nova Delhi para o viajante: companhias aéreas, agências de turismo, o Tourist Office do Governo, restaurantes, cinemas e um variadíssimo comércio de artesanato, tecidos, roupas, estatuetas, pinturas, incenso, instrumentos musicais, henna, japamalas e tudo o que a sua imaginação nem conseguiria pressupor. Livros, não. É melhor comprá-los em Velha Delhi, na livraria Picadilly Circus.

Adorei a comida da Índia desde o primeiro instante e, como eu, todos quantos a conheceram. Além de saborosíssima, pode-se aceitar o que vier, pois o país é vegetariano e não há perigo de a comida vir com carne de boi, de peixes ou de aves. Por outro lado, se o paladar é superlativo, precisei me adaptar a um pormenor. Tudo vem hipercondimentado com gengibre, cominho, cravo, canela, cardamomo, coentro, curry e chili. Este último é mais ardido que a própria pimenta baiana. Como ainda não estava habituado a comidas tão ricas em especiarias, no segundo dia pedi uma salada de vegetais crus, pois assim, pensava eu, viriam seguramente sem tempero. De fato, recebi uma salada sem sal, sem azeite e sem tempero algum. Comecei a comer e gostei, apesar da falta total do paladar exacerbado dos condimentos. A fome é o melhor tempero. Com apetite, localizei, lá no meio, uma pequena vagem verde. Simpatizei com a cara daquela vagenzinha tão inocente. Mastiguei e engoli. Era o próprio chili! Nunca na minha vida havia tido uma sensação igual... parecia que ia morrer. Imaginei que beber ácido sulfúrico não devia ser pior. Salvou-me uma garrafa de refrigerante, que sorvi de uma só vez.

Tendo passado por esse batismo de fogo (literalmente de fogo), segui no meu curso de Índia. Nos primeiros dias, era pôr o pé na rua e constatar que mais uma falsa imagem ruía. A primeira fora a alimentação, pois os livros de Yôga, em geral, aconselham usar pouco condimento. Mas mesmo as escolas e mosteiros mais espartanos serviam a comida com um paladar bem requintado e forte. Aí, entendi: para eles, aquilo é que era pouco condimentado. A culinária ocidental seria considerada "à moda de isopor".[1]

Outra fantasia da nossa desinformação é supor que os indianos comuns tenham conhecimento de sânscrito. O sânscrito para o hindu é como o latim para nós. Tentei comprar um dicionário de sânscrito, mas não foi fácil encontrar. A cada livraria era o mesmo ritual: eu chegava, o livreiro vinha solícito, com um sorriso nos lábios. Porém, quando lhe pedia o dicionário, ele fechava a cara, respondia rispidamente que não tinha e virava as costas. Pensei até que tivessem alguma coisa contra o sânscrito. Depois descobri: é o jeitão do indiano. O *sim*, diz-se com muita amabilidade e o *não*, com rispidez. Faz parte da dramatização da linguagem. Após ter compreendido isso, não me aborreci mais. No nosso país é diferente. Quando precisamos dizer *não*, fazemo-lo com cara e voz de quem está desolado e, frequentemente, acrescentamos uma série de justificativas. Assim também já é demais.

Nós esperamos ainda que todo indiano entenda de Yôga. No entanto, um número relativamente pequeno de indianos dedica-se a essa filosofia. No Brasil temos proporcionalmente muito mais instrutores de Yôga do que na Índia, com mais de um bilhão e tanto de habitantes espremidos num território cerca de três vezes menor que o nosso.

Primeiramente, tinha que me ambientar e conhecer a cidade. Visitei templos de várias religiões (hindus, muçulmanos, budistas, jainistas, católicos etc.), mercados, palácios, museus, ruínas, monumentos. Fui ao Memorial do Gandhi, erigido no local onde ele foi cremado. Visitei o Forte Vermelho, palco de tantas batalhas. Não podia deixar de conhecer o Qtub Minar, a torre inclinada da Índia, ao lado do qual encontra-se o poste de ferro construído há séculos, deixado desde então ao tempo e à chuva e, apesar disso, não enferruja. Essa curiosidade científica é comentada com algum sensacionalismo por Von Daniken em seu livro *Eram os deuses astronautas?*.

---

1 Para Portugal, esferovit.

Detalhe da arquitetura

Enfim, perfiz o indefectível roteiro de qualquer turista comum. A maioria fica por aí, dá-se por satisfeita e volta para cá cantando de galo, sem ter feito, visto ou aprendido absolutamente nada que prestasse em termos de Yôga.

Tão logo me familiarizei com o território, saí à procura dos bons Mestres. Em Delhi não fui feliz. Certamente, há boas escolas por lá, mas nessa primeira investida não encontrei nenhuma que satisfizesse as minhas expectativas. Eu dispunha de um catálogo publicado pelo Governo da Índia com os endereços de um grande número de entidades selecionadas, porém não senti empatia por nenhuma delas. Comecei então a colher indicações dos próprios indianos e verifiquei um consenso. A esmagadora maioria declarava que determinado professor era o melhor, embora seu nome não constasse do meu guia. No entanto, quando eu questionava:

– O que leva você a considerá-lo o melhor?

Todos, unanimemente respondiam:

– É porque ele vai à televisão(!).

Ora, também estou sendo seguidamente entrevistado pela TV, mas seria um demérito se o povo dissesse que sou bom Mestre somente por essa razão.

Em vista disso, preferi não conhecê-lo. Cansei de procurar na capital e decidi seguir para os Himálayas.

Um templo da dinastia Chandela, na cidade de Khajuraho.

Encontra-se em Rishikêsh, nos Himálayas, a mais bonita escultura de Shiva Shankar de toda a Índia. Representa o criador do Yôga com a anatomia realista e a musculatura digna de um praticante dessa filosofia.

Os Himálayas

Chegando ao meu destino, a cidade de Rishikêsh, fiquei apaixonado pelo lugar. O rio Ganges corre límpido e caudaloso nessa região montanhosa, relativamente próxima da nascente. Pode-se meditar às suas margens, banhar-se em suas águas, cruzar o rio de barco ou pela ponte pênsil. (Ah! Quando conheci essa região a ponte nem sequer existia...)

A Ponte Lakshman Jhula (anterior à Ponte Sivánanda Jhula) e o barco, meio mais antigo de travessia.

Rishikêsh é uma cidade muito bonita e imantada com a magia dos séculos. Era uma emoção simplesmente estar ali e saber que aquele solo foi pisado por alguns dos maiores iluminados dos últimos 5000 anos. Ainda hoje, swámis (monges) e saddhus (ermitões) são vistos com frequência. Há dezenas de mosteiros, templos e Mestres de Yôga, de Vêdánta e de outras disciplinas. Os curiosos geralmente deixam-se seduzir pela multiplicidade de escolas e começam a agir como crianças à solta numa loja de chocolates. Misturam tudo, fazem uma bruta confusão e não aprendem nada.

Eu sabia o que queria. Estava indo para o Sivánanda Ashram (pronuncie Shivánanda Ashrám), um dos mais conceituados mosteiros da Índia.

Nenhum outro chamariz iria me desviar da meta. Lá encontrei coisas realmente muito boas, tanto que voltei a essa entidade quase todos os anos a partir de então, durante mais de vinte anos. Nesse ashram tive a oportunidade de aprimorar mantras, conhecer mais variedades de púj´, melhorar o sânscrito (especialmente a pronúncia), desenvolver Karma Yôga, Bhakti Yôga, Rája Yôga, sat sanga, meditação, teoria Vêdánta e travar contato com o verdadeiro Hatha Yôga da Índia.

Uma coisa que me chamou a atenção nas práticas de Yôga da Índia, foi o fato de não encontrar lá aquela insistente repetição dos estribilhos comuns nas aulas do Ocidente, recitados com voz doce e de impostação hipnótica, tais como: "calma... não force... suavemente... ótimo, muito bem... cuidado... isso é perigoso..." Ao invés, encontrei ordens severas: "Força! Você pode fazer melhor do que isso! Quero ver mais empenho nessa execução! Aguente mais!"

DeRose, em 1980, fazendo Karma Yôga (guru sêvá), no Yôga Institute de Bombay.
Na foto da direita, em pé, está Joris Marengo,
hoje, Presidente da Federação de Yôga de Santa Catarina.

Eu era jovem, desportista e praticava muito bem os ásanas. Não obstante, às vezes ficava com o corpo todo dolorido depois de uma aula, coisa que no Ocidente não se admite. Mais tarde concluí que a maneira deles era mais coerente, pois Hatha significa força, violência[2].

Na minha primeira prática de Yôga no Sivánanda Ashram, o instrutor mandou-me executar exercícios adiantados, como padmásana, nauli, sírshásana, vrishkásana, mayurásana e outros. E isso sem pedir nenhum exame médico, o que denota um espírito muito mais descomplicado da parte deles. Falou-se livremente sobre a kundaliní (pronuncie sempre com o *í* final longo), sem o professor assustar ninguém, nem exagerar seus eventuais perigos.

Outra demonstração da descontração reinante no Yôga da Índia é o fato de as aulas serem dadas num clima informal, no qual está aberta a possibilidade do diálogo e até mesmo a de uma anedota posta por um aluno em classe, como ocorreu nesse inverno de 1975. Havia um monge velhinho, cuja função era a de tocar o sino a cada hora certa. Estando muito frio às cinco da manhã em pleno inverno dos Himálayas, ele se refugiou na nossa sala de prática, onde o calor dos corpos de muitos yôgins aquecera o ambiente. No meio da aula ele começou a cochilar e pender a cabeça. Um aluno não perdeu a oportunidade de brincar:

– Olhe lá, professor! O swámiji entrou em samádhi!

O professor riu, todos riram e, em seguida, retomaram a aula com muita disciplina. Aliás, só conseguem essa descontração por existir simultaneamente um profundo senso de disciplina, respeito e hierarquia que falta na maior parte das escolas do Ocidente.

---

2 A palavra *hatha* é traduzida como *violência, força*, pelos conceituados autores e livros:
Tara Michaël - *O Yôga*, Zahar Editores, página 166;
Iyengar - *A Luz do Yôga*, Editora Cultrix, página 213;
Georg Feuerstein - *Manual de Yôga*, Editora Cultrix, página 96;
Renato Henriques - *Yôga e Consciência*, Escola de Teologia, pág. 276 (da 1a. edição);
Mircea Eliade - *Inmortalidad y Libertad*, La Pléyade, página 223;
Theos Bernard - *Hatha Yôga una tecnica de liberación*, Siglo Veinte, página 13;
Monier-Williams - *Sanskrit-English Dictionary,* página 1287.

Em suma, gostei do Hatha Yôga e do Rája Yôga experimentados no Sivánanda. Para dar uma ideia do quanto esse ashram (mosteiro) me agradou, basta dizer que ele é de tendência Vêdánta e, apesar disso, recebi lá boas aulas de Sámkhya, o que constitui um raríssimo exemplo de tolerância.

Mais um eloquente exemplo é o fato de que um dos melhores livros de Tantra Yôga foi escrito pelo fundador Srí Swámi Sivánanda, sendo ele de linha oposta (brahmácharya). Tudo isso contribuiu para, em meus retornos posteriores à Índia, acabar frequentando muito mais essa instituição do que qualquer outra, durante vinte e quatro anos de viagens à Índia.

"Conversando" com uma vaquinha às margens do Ganges, em Rishikêsh, Himálayas.

Depois do Sivánanda Ashram, tive o privilégio de visitar e participar de aulas no Kaivalyadhama, de Lonavala; Iyengar Institute, de Puna; Yôga Institute de Srí Yôgêndra, em Bombaim (atualmente denominada Mumbai); Muktánanda Ashram, de Ganêshpuri; Aurobindo

Ashram, de Delhi; todas muito boas escolas, de renome mundial, mas cada qual apresentando uma interpretação, um método e até mesmo uma nomenclatura diferente das outras. Isso me foi tremendamente educativo e ampliou minha tolerância em 360 graus. Nessas viagens conheci pessoalmente e recebi ensinamentos diretamente de grandes Mestres como Chidánanda, Krishnánanda, Nádabrahmánanda, Turyánanda, Muktánanda, Yôgêndra e outros. Segundo os hindus, eles foram os últimos Grandes Mestres vivos, os derradeiros representantes de uma tradição milenar em extinção[3].

DeRose com Krishánanda, em 1980

3 No momento em que esta edição é publicada já estão todos falecidos.

O MESTRE DA MONTANHA

Um dia resolvi procurar os saddhus, sábios eremitas que vivem em cavernas, nas montanhas geladas dos Himálayas. Para ter mais certeza de encontrá-los e também por medida de segurança, contratei um guia, Pratap Sing. Era minha primeira viagem àquela região, eu era novinho e ainda não conhecia nada de Índia.

Acordamos cedo e começamos a subir a montanha ao nascer do sol. Uma densa neblina cobria a floresta, mas o guia dava passos seguros morro acima.

– Sir, vou levá-lo para conhecer um grande yôgi, sir!

– Como é o nome dele? – Perguntei. O guia me disse o nome de um conhecido guru, muito famoso no Ocidente. Então, retruquei-lhe que não estava interessado em conhecê-lo e se esse tipo de mestre era o que ele considerava um grande yôgi, podíamos voltar dali mesmo, pois iria dispensar os seus serviços. Ele sorriu e abriu o jogo:

– Sir, o senhor entende mesmo de Yôga. Vamos, então, para o outro lado, sir.

– Mas, se você sabia que esse não é um verdadeiro yôgi, como ia me levar lá?

– Sir, eu ganho uma gratificação para cada turista que encaminhar. Mas vou levá-lo para conhecer saddhus de verdade se me pagar dobrado, sir.

Bem, o fato é que subimos a montanha durante mais de quatro horas. Durante a caminhada surgiram vários saddhus, mas dessa vez o guia cumpriu o trato e seguiu em frente sem se deter em nenhum deles. Eu já estava exausto quando fui surpreendido por uma figura que parecia saída dos contos de fadas. Era um saddhu, realmente, daqueles que não se encontram mais nas aldeias, nem em ocasiões especiais. Uma imagem impressionante. Completamente nu, pele curtida pelo frio e pelo sol, quase negro, todo coberto de cinzas, o que lhe conferia um tom violáceo, semelhante ao da representação da cor da pele de Shiva nas pinturas. Cabelos e barbas completamente brancos e muito longos.

Um olhar forte e penetrante, olhos injetados de poder. Recordou-me Bhávajánanda.

Não tive tempo de falar nem fazer nada e ele já estava me dando ordens, passando instruções em língua hindi, num tom marcial, com o guia traduzindo apressadamente. Ensinou-me novos mantras, mudrás, ásanas e meditação. Se eu não acertasse em executar o exercício exatamente como ele queria, o Mestre rugia uma admoestação intraduzível.

Por vezes, o guia tentava falar com o saddhu, mas ele o ignorava. Não respondia e ainda dava-lhe as costas. Falava só comigo, porém, eu não entendia o idioma hindi e precisava do cicerone para traduzir. Apesar desse inconveniente, foi a ocasião em que aprendi o maior volume e a melhor qualidade de técnicas em tão pouco tempo. Foram umas poucas horas de aprendizado, umas sete ou oito, e o guia já estava inquieto, insistindo para irmos embora imediatamente. Depois de uma certa insistência, concordei, muito a contragosto. Levara a vida inteira para encontrar um saddhu de verdade e, no melhor da festa, precisava largar tudo e ir embora! Cheguei a aventar a hipótese de passar a noite lá, mas o guia ficou histérico com a possibilidade. Mais tarde descobri a razão.

Então, agradeci ao saddhu e cumprimentei-o da forma tradicional, fazendo o pronam mudrá, curvando-me até o chão e tocando-lhe os pés. Deixei-lhe minha sacola como pújá. Dentro havia uma manta, um livro meu (*Prontuário de SwáSthya Yôga*) e alguma comida.

Começamos a descer a montanha e logo compreendi o motivo da preocupação. Nas outras quatro horas que durou a descida, danou a esfriar e, no final da caminhada, começou a escurecer. Segundo o guia, se escurecesse conosco na floresta, nem mesmo ele conseguiria encontrar o caminho de volta e morreríamos devido ao frio. Numa viagem posterior à Índia, descobri que aquela região inóspita ainda tinha elefantes selvagens os quais atacavam quem se aventurasse por seus domínios, além de tigres e serpentes para viajante nenhum botar defeito. Como é que o saddhu conseguia sobreviver lá? E pela aparência já devia ter muitos anos de idade vividos, quem sabe, ali mesmo.

Nessa noite fez tanto frio que tive de acordar algumas vezes no meio da madrugada para praticar bhastriká, um respiratório que eleva a temperatura do corpo, e, só assim, consegui dormir de novo. Aí pensei: estou cá em baixo onde a temperatura é mais amena, estou dentro de um alojamento fechado, numa cama, com roupas de lã e cobertores. Como é que sobrevive aquele velho saddhu lá em cima, onde é muito mais gelado, sem roupas, dormindo no chão, dentro de uma caverna de pedra úmida, que não tem nem portas para evitar o vento gélido?

No dia seguinte partimos mais cedo, antes de amanhecer, para dispormos de mais tempo com o Mestre. Pensei que fosse encontrar um picolé de saddhu, mas qual nada. Logo que chegamos, ele, super energético, começou novamente a dar ordens e instruções. Achei interessante o fato de que ele havia me ensinado certos ásanas no dia anterior e insistido para que os executasse de uma determinada maneira. Neste segundo dia, ensinara ásanas (pronuncie "*ássanas*") novos e revisara os do dia anterior, só que queria que eu os fizesse de outra forma. E no terceiro dia ia querer de uma outra maneira. Talvez fosse para me tirar a imagem estereotipada de que só há uma forma estanque de executar e mostrar-me que diversas variações podem estar igualmente corretas. Ou, possivelmente, seria sua intenção produzir um resultado evolutivo, diferente a cada dia.

Mandou-me sentar à sua frente e repetir os mantras que fazia. Quando não vocalizava exatamente igual, ele rosnava alguma coisa em hindi, cuja tradução era perfeitamente dispensável. Depois fez o mesmo com a meditação. Assim que me dispersava, ele grunhia, como se estivesse vendo o que se passava dentro da minha cabeça.

Novamente o guia começou a ficar nervoso, só que desta vez atendi logo. Deixei um pújá, despedi-me da forma convencional e descemos o mais rápido que conseguimos.

O terceiro dia foi o melhor de todos. Dava para sentir a energia no ar. Percebi que estava entrosado. O Mestre não rugiu nem rosnou nenhuma vez. Em dado instante, enquanto eu executava um ásana, ele me passou o kripá, um toque que transmite a força e confere ao iniciado o poder de, por sua vez, transmiti-la aos seus discípulos.

Após o kripá, o próprio saddhu considerou encerrada a aula e, pelo visto, o curso. Mandou-nos embora como quem já tinha feito o que devia e entrou na caverna.

Na manhã seguinte, subimos outra vez, só que não encontramos mais o Mestre. Não estava na caverna nem nas imediações. Esperamos até tarde. Ele não voltou. Assim, compreendemos que havia considerado completa a iniciação que me conferiu nos três dias. Descemos e não subimos mais.

Os Mestres não são de açúcar

Uma coisa dura de se descobrir sozinho, como o fiz, é que os Mestres indianos não são suaves nem bondosos como os pinta a nossa imaginação cristianizada. No cristianismo, é preciso ser bom para se obter progresso espiritual e aprovação da comunidade. No Yôga hindu, a ênfase é dada à autenticidade, ao poder interior e ao esforço prático pelo progresso. A bondade pela bondade é uma virtude menor. Mais vale um Mestre severo e agressivo, mas que tenha um conhecimento verdadeiro, saiba ensinar e realize uma obra forte, do que um outro piedoso, contudo menos competente, que pouco saiba e nada realize de útil. Destarte, logo concluí que o Mestre da montanha, que rugia, era uma dama de *politesse*, em comparação com outros que vim a conhecer.

Certa vez fui prestar homenagem a um mestre, levando-lhe um pújá de frutas. Ele olhou de cara feia, não aceitou e fez um comentário em hindi com péssimo tom de voz. Uma pessoa presente, que entendia hindi e falava inglês, me explicou:

– Ele disse que você não tirou os sapatos para falar com ele.

Há mais de trinta anos eu não sabia nada de etiqueta hindu nem das hierarquias vigentes. Então, preparei-me para acatar o ensinamento de boas maneiras: tirei os sapatos e voltei a oferecer-lhe o pújá. Recusou novamente, de forma bem grosseira.

– Ele disse que você está com as mãos sujas, pois, ao se descalçar, tocou os sapatos.

Lavei as mãos, retornei, descalcei-me sem tocar os sapatos e ofereci outra vez. A cena se repetiu.

– Agora ele disse que você está lhe oferecendo os frutos com as duas mãos e é sabido que para os hindus a mão esquerda é impura.

DeRose e Ramánanda.

Eu deveria ter continuado a receber minha lição de humildade e de etiqueta, até que ele aceitasse o pújá, mas acho que eu era muito orgulhoso e tinha chegado ao meu limite, afinal, se ele era Mestre eu também era, conquanto mais jovem. Assim sendo, pedi que lhe traduzissem o meu recado:

– Por três vezes tentei fazer uma oferenda à divindade encarnada em seu corpo e por três vezes ela recusou. Devo entender que esse corpo já está muito bem nutrido e que a divindade que habita em todos nós ficará mais satisfeita se a oferenda lhe for feita através desta criança faminta.

E, dizendo estas palavras, dei as frutas a uma menina mal nutrida que assistira a tudo com um olhinho comprido para elas. Esta, aceitou-as imediatamente com um sorriso que iluminou sua face e o meu coração. Quando me recordo da cena, não posso evitar as lágrimas. A mãe dela, agradecida, deixou o mestre para lá e tentou me beijar os pés em sinal de grande reverência segundo a tradição, o que não permiti, porquanto a minha tradição discorda e, naquele momento, eu já estava meio saturado de tradições.

Outro fato que chocou de início a minha inocência juvenil, foi a cena inesperada de um swámi atirando pedras nos macacos que andam soltos pelos mosteiros. Mas, logo entendi. Os macacos disputam palmo a palmo aquele território com os homens, há séculos. Quando encontram uma janela aberta, eles entram para roubar coisas. Se alguém invade seus domínios com frutas nas mãos, os macacos atacam para tomá-las e podem ferir a pessoa se ela reage. Então, aprendi que as frutas devem ser carregadas dentro da bolsa, mulheres não devem portar pacotes – os monos já aprenderam que elas são mais atemorizáveis – as janelas devem ficar fechadas e nada de achar os símios bonitinhos. Pode-se acabar levando uma mordida feia.

Descobri também outra coisa. Quanto mais rude for o Mestre, mais elevado ele está na escala do mosteiro. Se alguém que ainda não o conhece lhe receber com muita simpatia e educação, é possível que seja um noviço sem nenhum conhecimento. Os Mestres só se tornam mais amáveis quando nos conhecem melhor, ou quando lhes somos apresentados por alguém que eles prezem. O mais amável que conheci entre todos os que ocupam altos postos, foi o sábio Srí Swámi Krishnánandaji, da diretoria do Sivánanda Ashram. Muito culto e inteligente, ele conseguia ser ao mesmo tempo educado, afável e muito bem-humorado. Também gostei sobremaneira do tratamento que me foi dispensado no Srí Aurobindo Ashram, em Delhi, pela Dirigente Madame Tara; no Yôgêndra Yôga Institute, em Bombaim (hoje, Mumbai), pelo Dr. Jayadêva; no Muktánanda Ashram, em Ganêshpuri, pelo próprio Muktánanda; e no Kaivalyadhama, em Lonavala, pelo Dr. Gharôti. Para não dizer que gostei de todos, em Puna, não gostei do Iyengar. Era extremamente rude como o próprio método que ensinava. Também em Puna, não simpatizei com o Rajneesh (que mais tarde adotou o nome de Osho), mas logo atribuí isso ao fato de que sua linha, bastante californizada, não era de Yôga – era só de Tantra.

Srí Ramánanda, em Rishikêsh.

OS MESTRES INDIANOS EXIGEM LEALDADE

Eu estava hospedado em um ashram nos Himálayas e lá também havia um grupo de europeus muito entusiasmados com o que vinham descortinando a respeito do Yôga. Tão entusiasmados que ansiavam por experimentar de tudo, conhecer todos os Mestres, comprar todos os livros, frequentar todas as escolas. Em termos de ética oriental, era o pior erro que poderiam cometer.

Certa noite, convidaram-me para visitar com eles o ashram vizinho ao nosso, onde haveria uma festividade com sat sanga e mantras. Agradeci, mas disse-lhes que não estava interessado no que outra escola pudesse oferecer. Eu já havia elegido uma orientação e tinha definido muito bem o programa de discipulado que me interessava:

estava satisfeito com o ashram que me acolhia e não padecia de curiosidade crônica.

– Por falar nisso – perguntei-lhes – vocês pediram autorização ao seu Mestre para ir a outro ashram?

– Imagina! Não é necessário! Nós só vamos lá para conhecer...

Como não era da minha conta, calei-me e fiquei quieto. Mas outros não ficaram. No dia seguinte, o Mestre mandou chamá-los e sentenciou:

– Ontem à noite vocês foram vistos entrando no nosso ashram bem tarde, vindos dos festejos que tiveram lugar no mosteiro vizinho. Já que estão interessados no trabalho que se faz ali, mudem-se para lá. Hoje vocês já não recebem aulas, não comem, nem dormem mais aqui.

Um dos europeus ainda ensaiou ficar indignado e reclamou comigo que aquilo era mesquinharia. Logo comigo, que compreendia a coisa pela mesma ótica de Mestre e sentira na carne as ingratidões de um comportamento desleal como o dele.

Pode chamar do que você quiser – disse-lhe. – Eu chamo a isso disciplina. O que você fez foi, no mínimo, uma grande falta de educação. O fato é que a escola é dele: ou você obedece às regras da casa ou sai dela.

Na verdade, esse já não podia escolher entre as duas opções, pois estava expulso e os Mestres do Oriente raramente reconsideram.

O SANNYASIN

Um dia meu instrutor de ásanas me levou à floresta para conhecer um velho saddhu que havia renunciado a tudo: família, casta, nome, propriedades, roupas, absolutamente tudo. Sua única posse era uma cuia que utilizava para comer e beber água. Imagine uma pessoa que só possui uma cuia e nada lhe faz falta!

Como ele falava inglês, pudemos comunicar-nos. Parecia ser um homem muito culto. Era um verdadeiro sábio. Em dado momento, percebi que no calor da conversa ele passava a frente da velocidade com que eu conseguia colocar as ideias em palavras e começara a responder minhas questões antes que as formulasse. Estava simplesmente lendo meus pensamentos.

Aproveitei para consultá-lo sobre os siddhis, pois no Brasil os ensinantes da Yóga tinham tanto medo disso que o assunto virou tabu e não se podia, sequer, mencioná-lo sem gerar violentas reações de protesto. Uns achavam perigoso. Outros declaravam que desenvolver os siddhis era censurável por motivos éticos.

– Isso é meramente uma questão de opinião. Há Mestres que são a favor dos siddhis uma vez que estes facilitam a vida do praticante e ainda lhe dão a convicção de que está obtendo progressos com a sua prática de Yôga. Outros Mestres são contra e opinam que tais progressos observáveis ocorrem unicamente na área do psiquismo e que as verdadeiras conquistas estão muito além desses planos medianos.

Alguns Mestres – continuou – são a favor, pois nem se detêm a analisar a questão e encaram os siddhis com muita naturalidade. Pode haver, afinal, milagre maior do que o fenômeno da digestão, da reprodução, da vida em si? Diante de tais milagres da natureza, que notoriedade pode ter uma simples viagem astral? Outros são contra, já que os siddhis dispersam o interesse e a concentração dos discípulos para meros folguedos tais como levitar ou materializar objetos. Tais poderes são tão fúteis comparados com o samádhi, que muitos yôgis não lhes dão importância alguma, embora o leigo fique fascinado com a ideia. Outros despertam o siddhi da palavra, o do olhar, o da criatividade, o do carisma, que são mais importantes e produtivos do que levitar.

E concluiu:

– Se você quiser usar os seus siddhis, use-os. Mas jamais fale deles. Se alguém duvidar de que você os tenha e o desafiar a demonstrá-los, diga a essa pessoa que ela pense o que quiser e que você não perde tempo com tais bobagens. É o que são: bobagens, úteis e fúteis a um só tempo.

DeRose, em 1980, executando matsyêndrásana
diante de um templo na cidade de Khajuraho.

Terminada a conversa, agradeci:

– Obrigado, sannyasin.

Mas ele me corrigiu categoricamente:

– Não sou sannyasin.

– Pensei que fosse, pois vejo que o senhor fez voto de sannyasa (renúncia) e desapegou-se de tudo...

Foi quando ele me deu a resposta contundente:

– De tudo, não: ainda tenho o meu ego.

Foi mesmo uma lição para aqueles pretensiosos ou iludidos que não renunciaram a nada e saem por aí alardeando-se sannyasins, só por terem-se convertido a alguma seita exótica.

DeRose em 1999, seu 24º. ano de viagens à Índia, ofertando a edição publicada na Espanha do seu livro (hoje editado com o título *Tratado de Yôga*) à Miss Tara Jauhar, dirigente do Srí Aurobindo Ashram, em Delhi. À esquerda, Renata Sena, então, Presidente da Federação Francesa de SwáSthya Yôga.

OS MÁGICOS

Na Índia, os mágicos pertencem a uma subcasta específica e seus truques vêm sendo ensinados de pai para filho há centenas de anos. Graças a isso, desenvolvem sua arte até às raias do impossível. E fazem-no sem nenhum recurso tecnológico, pois exercem na rua, no chão de terra, onde não há possibilidade de truques com espelhos ou fundos falsos.

Em uma das viagens, nosso grupo foi abordado na rua por um desses mágicos, que logo propôs:

– Se não gostarem não precisam pagar.

Aceitamos, mesmo sabendo que acabaríamos tendo que pagar de qualquer jeito. Sentamo-nos em círculo e ele no meio. Começou com o truque elementar das três cabaças e uma bolinha de pano, para que a assistência adivinhasse sob qual delas estaria a bolinha. Mostrou as cabaças e a bolinha. Todos as examinaram. Ele colocou a bolinha sob uma das cabaças e as embaralhou propositadamente devagar, sobre o chão de terra, na rua. Quando achou que bastara de movimentar as peças, perguntou:

– Onde está a bolinha?

Todos apontaram para a mesma cabaça, pois ele embaralhara tão lentamente que era fácil acertar. Ele levantou a cuia e... não estava lá! Olharam dentro da cabaça. Não estava mesmo. Bem, quem sabe, nesta outra? Também não. Então, tem que estar nesta última. Mas... também não estava! Ele explodiu numa sonora gargalhada. Olhou para o vento e invocou:

– Charlie!

Voltou-se para nós e mandou que recolocássemos, nós mesmos, as cabaças emborcadas no chão e as embaralhássemos. Aí levantou a primeira: a bolinha estava lá! Com um sorriso maroto levantou a segunda: também havia uma bolinha ali. Levantou a terceira: também estava lá. Outra gargalhada. E outra invocação ao vento:

– Charlie!

Mandou que puséssemos as três bolinhas sob uma só cabaça e embaralhássemos. Ficamos de olho. Ele foi direto nela. Levantou-a: não havia nada ali. Levantou a segunda: lá estavam as três. Levantou a terceira: rolaram tantas lá de dentro que depois foi impossível recolocá-las, pois não cabiam mais no mesmo espaço!

Era impossível. Não havia mangas, nem fundos falsos. Era dia claro e estávamos todos em torno dele, à frente, atrás, dos lados, com espertos olhos, observando atentamente. Pedíamos que repetisse e olhávamos todos juntos, bem de perto. Nada. O truque era mesmo perfeito.

Pegou uma bolinha e pôs na boca. Quando a retirou ela estava em chamas. Truque barato. Então soltou a fumaça que havia ficado na boca. Em seguida mais fumaça. E mais. E mais, mais, muito mais. Ficamos envoltos em fumaça saída da boca do mágico, como se ele fosse um dragão com dispepsia. Que truque poderia fazer aquilo acontecer diante dos nossos olhos?

Alguém lembrou-se de advertir:

– Cuidado com as carteiras e passaportes, que podem aproveitar o *fog* para fazer a limpa!

Aí, ele tirou uns pregos tortos e enferrujados de dentro da boca. A essa altura já não nos impressionávamos com isso. Mas ele começou a regurgitar uma quantidade enorme, infindável, de pregos enferrujados e secos. Sim, secos, sem um mínimo de suco gástrico. Não podiam estar vindo do seu estômago.

Depois, mandou que déssemos um nó num lenço. E que cada um puxasse de um lado para que ficasse bem apertado. Pegou o lenço numa extremidade, sacudiu-o e... o nó sumiu.

Após uma variedade de truques sofisticados, mandou que cada um de nós pensasse num perfume e em seguida friccionasse o dorso das mãos e cheirasse. Quem pensou em rosa, lá estava esse perfume. Quem pensou em jasmim, lá estava ele. Quem pensou sândalo, lá estava sândalo. Para nos precavermos contra a possibilidade de alguma hipnose coletiva, cada um cheirou a mão do outro sem saber em que perfume ele havia pensado. E constatamos: o perfume estava lá e conferia.

Sempre antes de cada fenômeno ele invocara o tal de Charlie. Então, contestamos:

– Assim não vale. Você disse que era mágico. Usando poderes paranormais e invocando o elemental Charlie, é fácil. Isso não é mágica: é siddhi.

Ele respondeu:

– Se me pagarem mais vinte rupias eu ensino o truque e aí vocês vão constatar que é ilusionismo.

Pagamos e constatamos. Era mesmo truque!

Já imaginou se um desses prestidigitadores quisesse fazer-se passar por Mestre espiritual, usando seus "poderes" para convencer as pessoas? É o que ocorre com muita frequência, tanto na Índia, quanto no Ocidente.

Precisamos rever algumas fantasias

Na minha primeira viagem à Índia, eu estava almoçando num restaurante rural em Rishikêsh e à minha frente almoçava um swámi. Ao terminar, ele tirou algumas rupias de dentro dos andrajos com os quais se vestia, e pagou a refeição. Um ato corriqueiro, mas eu, muito jovem, ocidental e ainda com as sequelas do espiritualismo, fiquei chocado. Um monge hindu, mexendo com dinheiro! Se ele o tinha é sinal de que ganhava o vil metal...

Alguns segundos depois do choque inicial, tive um lampejo de lucidez e concluí: se ele não tivesse o seu dinheiro, ganho com o seu trabalho – talvez dando aulas – como pagaria a refeição? Se ele não pudesse pagar, então, quem pagaria? Ninguém pagaria? Seria justo para o dono do restaurante, que também tinha seus credores e família para sustentar? A solução seria o monge não comer? Ou deveria parasitar a sociedade e explorar os que trabalham noutras profissões, mendigando-lhes seu sustento?

Claro que não. Nenhuma dessas alternativas poderia ser uma solução sensata. Portanto, estava evidentemente correto que o swámi tivesse dinheiro e pagasse honestamente pela sua comida. Nem poderia ser de outra forma. Só uma mente mal educada e cheia de fantasias nem um pouco saudáveis poderia esperar que fosse diferente.

O pior é que, assim como eu pensava na imaturidade da minha juventude alternativista, ainda há muita gente supostamente adulta imaginando que, mesmo um instrutor de Yôga técnico, um profissional, que também tem sua família para sustentar e contas a pagar (até para manter seu estabelecimento de ensino), não deve cobrar os justos honorários pelos serviços que presta.

O autor diante do Taj Mahal.

A BUSCA DA CONFIRMAÇÃO

Em 1975 eu tinha ido à Índia para, ou confirmar a exatidão do que ensinava, ou mudar de método. Entretanto, compreendi que essa empreitada não seria tão fácil. Aprendi que é preciso atentar para certas filigranas ao consultar um Mestre hindu. É preciso conhecer a psicologia desse povo e levar em consideração que foi colônia oprimida pelos ocidentais até a bem pouco tempo, o que o tornou ressabiado. Há que levar em conta também suas tradições milenares.

Por exemplo, eles consideram que um Mestre hindu não deve sair da sua pátria para ir lecionar noutros países. O discípulo é que tem que ir atrás dele. Esse princípio coloca em posição desabonadora perante os indianos, todos quantos vieram ao ocidente ensinar, seja lá o que for: Yôga, Vêdánta ou Música.

Ainda aparentado àquele princípio, eles têm um outro, comum a quase todos os povos orientais: consideram que o ocidental é um curioso, um fraco, um indisciplinado, um aluno desleal e questionador compulsivo. O pior é que eles têm razão... Mas o problema é a generalização, fazendo pagar o justo pelo pecador. Assim, hoje sei que é muito difícil conseguir que um hindu considere de boa qualidade o trabalho de um ocidental, a menos que este já tenha tido seu valor reconhecido, como foi o caso de Sir John Woodroffe, citado até por Sivánanda.

Mais uma coisa: a palavra Tantra, pronunciada por ocidentais passa a ter outra conotação. Como temos uma visão distorcida do Tantra, sempre que fazemos perguntas a respeito, os Mestres indianos já prejulgam:

– Esse aí é mais um turista à cata de erotismo exótico.

E não lhe dão informação alguma. Quando quiser indicação séria de livros, escolas ou Mestres tântricos, não use esse termo. Diga que procura livros ou Mestres de linha Shakta e você acaba chegando lá. Ou mostre que sabe do que está falando e vá logo esclarecendo que é de linha branca, já que a negra não é bem conceituada. Diga que deseja ensinamentos Dakshinacharatántrika. Esta linha é muito respeitada. Felizmente, é a nossa.

Para você ter uma ideia de como funciona tudo isso, vou lhe contar como consegui parte das confirmações que buscava.

Quando era mais novo tentei consultar uma grande autoridade em Yôga antigo. Fui chegando e abrindo o jogo:

– Mestre, eu sou instrutor de Yôga na minha terra e gostaria de lhe fazer umas perguntas.

– Instrutor de Yôga, eh? Quantos anos você tem? Vinte e quantos? Você é muito jovem. Não sabe nada.

– O senhor tem toda a razão, Mestre. Por não saber nada, quero fazer estas perguntas, para aprender alguma coisa.

– Está bem. O que é que você quer?

– Após muito estudo, meditação e prática, sistematizei um método e queria saber se está correto.

– Está errado.

– Mas Mestre, eu ainda não descrevi o método.

– Está errado: você não é hindu, não pode criar métodos.

– Eu não criei coisa alguma. Apenas sistematizei, baseado nos Shástras e em tudo o que já existe no Yôga antigo. Posso descrever o método?

– Hum!

– A característica principal é nossa prática denominada ashtánga sádhana, constituída de mudrá, pújá, mantra, pránáyáma, kriyá, ásana, yôganidrá, samyama; e nossa fundamentação é Sámkhya e Tantra.

– Não presta. Está tudo errado. Vocês pensam que sabem muito. Vá estudar, que você é muito jovem. Não pense mais em criar algo novo. É o antigo que tem valor.

Eu concordava com o que ele havia dito e teria desanimado com relação às minhas pesquisas, se não houvesse percebido uma evidente má vontade em ouvir e avaliar. Por isso, fiz o inesperado. Voltei à Índia tempos depois e fui procurá-lo de novo. Ele não se lembrava mais de mim, pois todos os anos passavam muitos ocidentais por lá. Além disso, nesse ano meus cabelos começaram a ficar grisalhos e tomei a precaução de me bronzear bem ao sol de Ipanema antes de iniciar a viagem. Havia notado que alguns indianos não permitem muito acesso a pessoas de pele clara. Para eles, a tez muito branca lembra a opressão imposta pela dominação britânica. Vesti-me com as tradicionais roupas e calçados indianos para demonstrar boa vontade e aceitação da sua cultura. Também aprendi em viagens anteriores que geralmente eles não simpatizam com *hipongas* alternativoides e dão mais atenção a pessoas que lhes pareçam sóbrias e bem sucedidas na vida, ou seja, pessoas aparentemente estáveis. Logo, mais confiáveis e capazes de realizar um trabalho sério.

Desta vez, aos 40 anos de idade, a abordagem foi diferente:

– Mestre, eu sou um estudante de Yôga na minha terra e gostaria de lhe fazer algumas perguntas.

– Perfeitamente, meu filho. Pode perguntar.

– Baseado nos Shástras, após muito estudo, meditação e prática, cheguei a um método que queria submeter à sua apreciação.

– Continue.

– É fundamentado na linhagem Dakshinacharatántrika-Niríshwara-sámkhya. A prática característica é o ashtánga sádhana, constituída por mudrá, pújá, mantra, pránáyáma, kriyá, ásana, yôganidrá, samyama. Na sua opinião isso é invencionice de ocidentais ou lhe parece legitimamente hindu?

– É hindu, sem dúvida. Um ocidental não inferiria uma estrutura ortodoxa desse tipo.

– Mas não parece coisa surgida no século vinte?

– De forma alguma. Pelo que você acaba de descrever, é um Yôga muito antigo. Tão antigo que hoje já não existe mais na Índia. Como você chegou a ele?

– Eu o sistematizei, Mestre, certamente baseado nas Escrituras e na herança ancestral dos yôgis que nos precederam nesta senda. Sou aquele instrutor que esteve aqui para consultá-lo uns tempos atrás e, por não saber como articular corretamente as perguntas, passei-lhe uma ideia errada do método.

– Como é mesmo o nome desse Yôga?

– SwáSthya Yôga.

– É o próprio Shiva Yôga ou Dakshinacharatántrika-Niríshwara-sámkhya Yôga. Uma preciosidade. Continue sua pesquisa. Você está no caminho certo.

Quase soltei foguetes. Contudo, tanto neste caso quanto na maioria das vezes, quando perguntava onde encontrar ensinamentos desta linhagem nobre e pré-clássica, a resposta era a mesma: já não existe mais. Então, fui procurar os fragmentos, tal como o faz um arqueólogo quando quer reconstituir um objeto antigo que, por inteiro, já não existe.

Passei a procurar em separado, o Dakshinacharatántrika por um lado e o Niríshwarasámkhya por outro. Assim, acabei encontrando uma escola Shakta de tendência Vêdánta e uma Sámkhya (Sêshwarasámkhya) de tendência Brahmácharya. Mas já era alguma coisa.

Na escola Shakta (Yôga Shaktí Mission, na época, situada em: 11 Jaldarshan, 444 Nepean Sea Road, Bombay) fui informado de que o Dakshinacharatántrika ainda existe na Índia, mas hoje não é mais Sámkhya como na antiguidade e sim, Vêdánta. E que podia ir desistindo de fazer contato por tratar-se de escola secreta e ainda mais fechada a ocidentais do que as outras. De qualquer forma, recebi, ali mesmo, muitas instruções úteis e reconfirmações de que o SwáSthya Yôga era de inspiração pré-ariana e de que as bases tântricas estavam bem orientadas. Indicaram-me também vários estudiosos na Índia, Europa e Estados Unidos, com os quais poderia trocar ideias, visitando-os ou me correspondendo com eles.

Quanto ao Sámkhya, a única escola realmente boa de Yôga Sámkhya que encontrei era Brahmachárya (Yôgendra Yôga Institute, Santa Cruz East, Bombay). O tipo de Sámkhya era Sêshwarasámkhya, diferente do que buscávamos, mas pude aprofundar-me o suficiente para compreender o Niríshwarasámkhya. Pude confirmar também que o Niríshwara é mais antigo do que o Sêshwara, sendo que este já é mais antigo do que a tendência Vêdánta no Yôga (a escala de antiguidade, portanto, seria: o Yôga Sámkhya é mais antigo do que o Yôga Vêdánta; e o Niríshwarasámkhya, mais antigo do que o Sêshwarasámkhya.).

Há umas poucas outras escolas de Yôga de linha Sámkhya, mas acabei não me interessando em obter indicações de como encontrá-las, uma vez que muitas fontes fidedignas qualificam aquela onde estudei como a melhor da Índia. Também não teria adiantado muito, pois seriam todas de linha clássica (Sêshwarasámkhya e Brahmachárya) e não pré-clássica (Niríshwarasámkhya e Dakshinacharatántrika), que era o que buscávamos. Segundo fontes abalizadas da Índia, o Niríshwarasámkhya Yôga não existe mais. Está extinto. Muito mais ainda o Dakshinacharatántrika-Niríshwarasámkhya Yôga. Esperamos que, pelo menos na memória do leitor, o nome enorme das nossas raízes não seja extinto, pois repetimos a mais não poder nestas últimas linhas!

Por outro lado, poderíamos encontrar confirmações e dados preciosos numa bibliografia selecionada que nos foi fornecida. Alguns dos livros, não os conseguimos encontrar nem na própria Índia. Outros eram obras célebres que logo nos pusemos a estudar.

DeRose nos Himálayas, às margens do Rio Ganges, em 1982
expondo aos saddhus a codificação do SwáSthya Yôga.

Tupi or not Tupi

Nas escolas de orientação Brahmachárya, em geral as mulheres não praticam Yôga. Há exceções, mas mesmo nessas mais liberais, elas não costumam lecionar nem galgar postos de liderança. Por isso, representou uma grande conquista do nosso método, o fato de uma discípula nossa, a instrutora Rosângela de Castro, de Saquarema (RJ), já na sua quarta viagem à Índia, ter sido convidada a ministrar o SwáSthya Yôga. E – justo onde? – numa escola ortodoxa brahmachárya!

Tempos depois, fui mais uma vez à Índia. Como sempre, participei de uma aula de Yôga. No meio da prática, o professor indiano começou a utilizar regras gerais e algumas outras características do nosso método. Foi um choque. Primeiro a satisfação de ver que tudo estava se confirmando cada vez mais. Em seguida foi de lástima, pois, se o instrutor hindu as utilizava, nesse caso não eram originais da nossa codificação. "Vai ver", pensei, "que só não constavam nos livros, porém faziam parte da tradição oral." Fiquei estarrecido, porquanto havia declarado que tais características eram exclusivas do nosso método.

Chegando ao Brasil, casualmente comentei o fato com outra aluna, Vera Buso e Silva, de Ribeirão Preto, que tinha morado nesse mesmo mosteiro por um tempo razoavelmente longo. Disse-lhe que, por questão de honestidade, teria que fazer um comunicado público confessando ter me equivocado nesse pormenor e estava desolado por isso. Eu inconsolável e ela rindo. Quanto mais aborrecido ficava, mais ela se ria. Até que perguntei:

– Verinha, qual é a graça?

E ela me disse, tentando controlar o riso:

– É que fiz o curso com aquele professor, antes e depois de a Rosângela ministrar Yôga na Índia. Depois que assistiu a aula da Ro, ele mudou o método e adotou inúmeras coisas do SwáSthya Yôga. Noutras palavras, ele estava ensinando a você o seu próprio método!

Mais um acaso: se não fosse o testemunho da Verinha, a história do SwáSthya Yôga teria sido radicalmente alterada e, muito provavelmente, você não estaria lendo este livro. Continuaríamos até hoje achando que o nosso método era um equívoco, justamente por termos visto um Mestre hindu acatá-lo e adotá-lo numa conceituada escola da própria Índia, após tê-lo aprendido com uma discípula nossa!

Estado de consciência expandida nos Himálayas

Este artigo foi escrito durante a minha primeira viagem à Índia, num alvorecer muito especial.

"1975. Pela primeira vez na vida, estou fora do meu país. Estou sozinho na Índia. E sozinho subi às montanhas para sentir a neve e ficar um pouco comigo mesmo, avaliando as experiências vividas neste país meio mágico.

É um silêncio impressionante. Tudo branco. Rapidamente entrei em meditação e nunca antes tinha ido tão fundo. Houve um momento em que meus olhos e aquilo que eles enxergavam, tornaram-se uma só coisa. A tênue luminescência da tarde que se extinguia, tornou-se um oceano de luz indescritível. Eu não era mais eu; nem estava mais confinado a este corpo, a este lugar ou a este tempo. Percebia, num clarão, o pulsar das moléculas e o palpitar das galáxias. Percebia, de uma forma libertadora, a minha própria pequenez e, ao mesmo tempo, a incomensurável grandeza do Ser. Compreendia, de uma forma impossível de descrever, que toda a matéria é ilusória como ilusória é a vida e a própria morte. E entendi que não poderia haver outra razão para o nascimento, senão a da aquisição deste bem-aventurado estado de consciência.

Eu estava dissolvido na Luz e eu era Luz, Luz que estava dissolvida no Som e que era Som, e eu oscilava etéreo nos acordes do Universo. Não estava no mundo exterior nem no mundo interior. Era como se existisse um outro que extrapolasse a dualidade do 'dentro e fora', do 'eu e não-eu', do 'ser e não-ser', para , afinal, fundir o tamas e o rajas na definitiva dimensão de sattwa.

Permaneci algumas horas assim. Quando, desafortunadamente, retornei à consciência limitada das formas, já era noite e eu estava banhado em lágrimas que congelavam meu rosto. Lembrei-me de que tinha um corpo e notei que estava no meio da neve, à noite, sem comida, sem lanterna, sem bússola... Olhei em volta, mas não enxerguei nada. A escuridão era total. Mesmo que não o fosse, minhas pegadas haviam sido cobertas pelo gelo que se acumulou à minha volta. Achei que ia morrer nessa noite.

Várias vezes questionei-me sobre esse momento e quis saber como reagiria. Pois foi uma sensação de imensa paz, como se houvesse terminado uma tarefa assaz árdua. Foi descontração, leveza e um sorriso. Recostei-me para sentir a sonolência do frio que apaga a chama da vida. E fiquei esperando pelo último compromisso, do qual ninguém escapa. Foi quando surgiram imagens na minha mente, recordando minha infância, desde fatos que eu já não lembrava mais, até os últimos dias na Índia, nos quais aprendera tanta coisa boa. Gostei de rever aquilo tudo: deu um saldo positivo. Só que... a missão não tinha sido cumprida. Tudo aquilo tinha sido só a preparação para algo maior que deveria ser feito por mim e começando pelo Brasil. Vi, em detalhes, tudo o que deveria fazer ao voltar ao meu país.

Então, decidi viver. Resolvi caminhar. Mas o meu corpo, habituado a temperaturas tropicais, não se movia mais. Mentalizei a cor vermelha e fiz bhastriká. Melhorou bastante. Senti o coração bater forte, a adrenalina no sangue e consegui caminhar. Porém, de que adiantaria caminhar na neve, no escuro? Surpreendi-me por estar me preocupando com isso depois das vivências a que tinha sido submetido! Cheguei à conclusão de que era preciso viver. Que a vida é uma dádiva sagrada e que eu tinha algo a realizar na Terra.

Concentrei-me em Shiva e estabeleci que se isso não fosse uma ilusão minha, se de fato fosse importante a realização dessa missão, eu intuísse o caminho.

Segui na direção intuída e não foi preciso caminhar muito tempo. Percebi uma luzinha. Era a caverna de um saddhu que só falava um dialeto incompreensível. Ele me serviu uma beberragem muito quente que sorvi com avidez. Não sei o que era. Não tinha álcool, mas era muito forte como se contivesse gengibre e outras especiarias. A bebida e o fogo aceso fizeram a minha cama e deixei-me adormecer imediatamente.

Fui acordado pelo milagre da vida que fazia renascer a luz, à medida que os raios de um sol gelado rasgavam as nuvens em minha direção.

Olhei em volta. Não havia ninguém, não havia caverna. Teria sido tudo um sonho, afinal, muito bonito?"

ॐ

Dois sequestros no Oriente

Com tantos anos de viagens à Índia, era inevitável que alguns contratempos ocorressem vez por outra. Os mais inconvenientes foram sequestros dos aviões em que eu viajava.

No Irã

Em 1980, ocorreu a invasão da Embaixada Estadunidense no Irã e fizeram vários reféns que ficaram presos até 1981. Nesse ano, quando eu viajava novamente para a Índia, nosso avião desceu para abastecer na capital iraniana, Teerã, e as autoridades locais não permitiram mais que a aeronave decolasse.

Também não permitiram que os passageiros desembarcassem. Fazia um calor de quarenta graus. Os pilotos não tinham autorização para ligar as turbinas que acionariam o ar condicionado, o que tornou o calor insuportável. A água potável a bordo, acabou! Eu bendisse, mais uma vez, o fato de ter um excelente controle da sede. Os banheiros foram ficando cada vez mais emporcalhados, pois o uso do sanitário químico é previsto para um determinado número de utilizações, o qual foi superado cem vezes, pelo tempo e pelo medo que os passageiros sentiam. O mau cheiro na cabine era indescritível. As mulheres choravam, os homens tinham chiliques, pessoas passavam mal...

Não havia informações. Só sabíamos que as autoridades francesas estavam negociando por meios diplomáticos a nossa libertação. Hoje, imagino que foi uma sorte ter viajado pela Air France. Se tivesse sido pela Pan American, a situação teria sido bem pior.

De vez em quando uns militares passavam mandando que mostrássemos os passaportes. Nunca na minha vida gostei tanto de ser brasileiro. Eles foram bem rudes com os europeus e agrediram fisicamente os estadunidenses. Mas quando viram o meu passaporte – pasme! – foram muito cordiais, sorriram para mim e mencionaram o Pelé!

Lá ficamos por uma eternidade (o tempo não é distorcido pela emoção?). Finalmente, as negociações do Governo Francês deram certo e Teerã autorizou que o nosso avião levantasse voo. Pensei cá comigo: "Que ideia de jerico sair do conforto da minha casa e viajar para o Oriente! Nunca mais irei à Índia!" Mas, depois dessa experiência, voltei a fazer a mesma viagem por mais dezenove anos...

NO PAQUISTÃO

Tempos depois, sobrevoando o Paquistão, passamos por um estresse ainda maior. Dois caças da Força Aérea Paquistanesa emparelharam com o nosso avião. Desta vez, era Pan American! Dispararam alguns tiros de advertência com seus canhões e obrigaram o piloto a descer em Karachi.

Assim que aterrissamos, um pelotão armado invadiu a cabine de passageiros, recolheu os passaportes de todos, mandou que desembarcassem e entrassem nos caminhões do exército que estavam à nossa espera. Nesses veículos fomos conduzidos a uns alojamentos. Como era noite e estava muito escuro, não sei ao certo se eram instalações militares, se eram cárceres ou se eram quartos de algum hotel de duas estrelas abaixo de zero. Pedidos de informações ou de esclarecimentos eram respondidos com a coronha dos fuzis, como você já deve ter visto no cinema.

Trancaram-nos e nos deixaram lá a noite toda, sem alimento, sem água, sem comunicação uns com os outros. Eu dormi a noite toda, mas teve gente que não pregou o olho. Na manhã seguinte, fomos escoltados de volta para o avião, decolamos e fomos felizes para sempre!

Ao longo de 5000 anos muita deturpação pode acontecer

O Yôga tem 5000 anos de existência. Nesses cinco milênios, foi desvirtuado sucessivas vezes pelas invasões que a Índia sofreu. Façamos uma comparação. Estamos no século XXI da Era Cristã. Muito bem. Existe uma luta chamada Capoeira, que é legitimamente brasileira. Tem suas raízes em tradições africanas, porém nasceu no nosso país. Imaginemos que dentro de alguns anos, a Amazônia será invadida por uma outra nação com o pretexto de ocupá-la para salvar tão precioso patrimônio da humanidade das mãos desses latino-americanos irresponsáveis que a estão destruindo.

Tal como os drávidas que viviam na Índia há 5000 anos, os brasileiros não têm tradição guerreira. Já os invasores, esses sim, contabilizam uma história de guerras, conquistas e império, tal como os subbárbaros arianos que invadiram a Índia a 1500 a.C. e cometeram o primeiro grande desnaturamento do Yôga.

Como ocorreu com o Império Romano, que ia incorporando outras culturas (ao absorver do Lácio o latim, da Grécia a arquitetura, escultura, mitologia etc.), esse novo império absorve a Capoeira. Em pouco tempo, digamos, um século, classificam-na como dança ("*afinal, eles não dançam?*"). E a reestruturam, pois isso de bater atabaques e tocar um instrumento de cordas com uma corda só é muito primitivo. Eliminam os tambores e substituem o berimbau pela guitarra eletrobioplásmica, com acompanhamento de "sincretizador" (que substituirá o computador, aquela máquina primitiva que vivia "dando pau" e pegando vírus).

Passam-se mil anos. Lá pelo ano 3000 da era Cristã, ocorre outra invasão. O Brasil é ocupado por uma terceira etnia e novos Mestres de Capoeira introduzem uma codificação que a define como religião ("*afinal, eles não se benzem antes de jogar?*"). Uma dança religiosa, uma dança ritual. Surgem mosteiros, templos e igrejas do culto Capoeirista. Essa vertente passa a ser conhecida como Capoeira Clássica.

Passado mais um milênio, e em torno do ano 4000, já não se fala a mesma língua, nem habita neste território o mesmo povo. Surpreendentemente, a Capoeira sobreviveu e tem mesmo um sólido sistema cultural que a preserva. Só que agora, após alguns concílios, decidiram que Capoeira é uma terapia. Passa a ser uma dança espiritual terapêutica.

Mais um milênio se passa. Estamos lá pelo ano 5000 d.C. Ninguém mais se lembra das suas origens. Criam mitologias. Surgem versões negando que a Capoeira tenha surgido em uma nação mítica chamada Brasil, a qual teria existido há tanto tempo que caiu no esquecimento. Alguns eruditos defendem que a Capoeira teria sido criada pelos negros escravos, mas a etnia então dominante nega-o peremptoriamente, e ameaça de punição quem se atrever a insistir nessa invencionice subversiva. A Capoeira é institucionalizada como uma prática para a terceira idade. Torna-se uma dança espiritual terapêutica para idosos.

Outros mil anos são transcorridos. Estamos agora no ano 6000 da Era Cristã. Todas as evidências de uma civilização latino-americana desapareceram, apagadas intencionalmente pelos cientistas e religiosos desse novo período histórico. A opinião pública de então, decide que Capoeira é para mulheres, que é ótima para TPM, gestação, rugas, celulite, varizes e que rejuvenesce. A Capoeira passa a ser classificada como uma dança espiritual, terapêutica, para idosos e para mulheres. Quem afirmar que a Capoeira legítima é uma luta, destinada a pessoas jovens e saudáveis, passa a ser acusado de discriminar os enfermos, os idosos e as mulheres; é acusado de ser polêmico; torna-se perseguido e severamente castigado com a difamação, exclusão, execração e ameaças de morte.

Bem, no caso da Capoeira, nós só abordamos 4000 anos de deturpações, do ano 2000 ao ano 6000 d.C. No caso do Yôga precisamos computar mais um milênio de distorções, já que essa filosofia conta com cinco mil anos de existência.

Oh! Céus! Eu disse filosofia? Foi sem querer. Juro. Eu quis dizer uma terapia mística para enfermos, mulheres e idosos.

Mas como é na Índia?

Eu viajei para a Índia durante 24 anos. Frequentei vários tipos de estabelecimentos, desde as escolas até os mosteiros, dos mais sérios aos que já estavam contaminados pelo consumismo ocidental – e percebi as diferenças. Mas, em todos eles, ocorria um mesmo fenômeno. Os alunos indianos entravam na sala de aula com cara normal e roupa normal, muitas vezes praticando de calça e camisa. Os ocidentais, no entanto, pareciam um bando de alucinados que se destacavam dos hindus por serem os únicos a estar vestidos com "roupa indiana", isto é, o equivalente àquelas camisas hipercoloridas e cheias de flores que os turistas estrangeiros usam no Brasil por acharem que aqui é assim que o povo se veste. Será que os gringos[4] não percebem que nenhum brasileiro está portando aquelas camisas espalhafatosas, ou que nenhum indiano está vestindo a tal de "roupa indiana" (especialmente as famosas "saias indianas", que nenhuma indiana veste)?

Durante a aula de Yôga, os hindus preservam a fisionomia de pessoas perfeitamente normais, sorriem, interagem com os colegas e com o instrutor, às vezes até fazem gracejos. Os ocidentais, pelo contrário, mantêm-se muito taciturnos, com cara de santo cristão e, às vezes, babam um pouco.

Frequentemente os instrutores que levei em minhas viagens, para conhecer o verdadeiro Yôga da Índia, observaram:

– DeRose, você já percebeu que os ocidentais ficam com cara de malucos quando entram numa sala de Yôga e que os indianos são como nós do SwáSthya e preservam a cara normal?

4 O termo gringo é aplicado no nosso país para todos os estrangeiros, sem discriminação. "Falou enrolado, é gringo."

Pois é. Aí está o *x* da questão. O ocidental vai à Índia, olha, mas não vê. Ouve, mas não escuta. Tanto que volta falando "ióga", embora todos lá pronunciem Yôga, com *ô* fechado. É uma questão de paradigma. O ocidental enfurnou no bestunto que Yôga deveria ser de uma determinada forma. Depois ele viaja para a Índia e não consegue perceber que lá é diferente do clima cristianizado, naturéba e alternativoide que grassa no Ocidente.

Uma das fantasias é que na Índia – e nas escolas de Yôga desse país – só se coma pão integral, arroz integral, açúcar mascavo e outros modismos ocidentais. Só que não é assim. Nas escolas de Yôga come-se muito bem, desfruta-se uma comida deliciosa, bem temperada e, fora isso, normal. Certa vez, uma pessoa que estava no nosso grupo pediu arroz integral ao garçom do restaurante em Nova Delhi. O empregado trouxe arroz branco. A brasileira mandou voltar e instruiu-o com mais ênfase:

– Olha, meu filho, eu quero arroz integral, compreendeu? Arroz in-te-gral!

O coitado voltou com outra porção de arroz branco. Percebendo que não agradara, explicou:

– Mas o arroz está inteirinho. Eu mesmo ajudei o cozinheiro a catar só os grãos que não estavam quebrados.

Hoje já há alguns estabelecimentos com opções integrais para atender a turistas, assim como já existem escolas de Yôga para satisfazer os devaneios dos que pagam bem para que lhes vendam o que eles querem comprar, ou seja, aquilo que o ocidental pensa que o Yôga é. "*Eppur, non è*!"

Conselhos Úteis a quem vai à Índia

Recomendações coletadas em 24 anos de viagens à Índia, conduzindo grupos de estudiosos.

Qual a melhor época para viajar

A melhor época é o inverno. A Índia só tem três estações: inverno, verão e monções. Durante as monções é chuva e lama durante quatro meses. O verão é torturantemente quente, tornando qualquer deslocamento um desconforto inimaginável. Então, sobra o inverno. Nele, você pode caminhar em mangas de camisa durante o dia na maior parte das cidades. Pela manhã e ao entardecer, quando o sol se põe, pode ficar extremamente frio. Portanto, leve roupas para as duas estações. Para nossa conveniência, o inverno da Índia coincide com as nossas férias de verão no Brasil. Janeiro é um ótimo mês para encetar uma viagem.

O que levar para a viagem:

1) **Gravador, i-pod e pilhas** (tire as pilhas e baterias antes de embarcar nos aeroportos da Índia, pois elas costumam ser confiscadas).

2) **Câmera fotográfica e/ou de vídeo, e baterias.** Atenção: é proibido o uso de câmeras nos aeroportos e dentro de alguns templos.

3) **Caderno e canetas** para anotar as informações mais interessantes e para organizar seu diário de viagem.

4) **Papel higiênico** para ter consigo em passeios e incursões, pois fora dos hotéis não é fácil encontrá-lo.

5) **Sabão em pó** para lavar meias de uma noite para a manhã seguinte. Não vale a pena mandar lavar na lavanderia do hotel, pois costumam estragar, manchar ou perder peças. (Você vai sujar muitas meias, já que para entrar nos templos e alguns monumentos precisará tirar os sapatos e freqüentemente o chão está molhado. Recomendamos comprar meias com sola de plástico, daquelas para an-

dar em casa, que existem à venda em algumas cidades do Brasil, ou mandar confeccioná-las em uma costureira).

6) **Agulha e linha**.

7) **Algumas caixas com garrafas de meio litro de água mineral.** Jamais beba água na Índia. Prefira a água que levou ou, em caso de necessidade, chá – que teve a água fervida –, ou refrigerante. Mas evite refrigerantes com cubos de gelo, porque gelo é feito com água! As garrafinhas de meio litro são mais resistentes do que os copinhos e do que as garrafas grandes. Mesmo assim, é normal que algumas estourem dentro da mala. Portanto, compre as embalagens compactas com uma dúzia de garrafas de meio litro e, se quiser, proteja-as contra impactos. Calcule quanto de água você vai consumir durante toda a viagem, para que não falte.

8) **Hidrostéril** para purificar a água em caso de emergência, como, por exemplo, acabar o seu estoque de água mineral levada do Brasil.

9) **Uma lanterna pequena e potente** não faz mal a ninguém (nunca se sabe se vai precisar dela).

10) **Lencinhos úmidos**, daqueles para limpar bebês. Você vai me abençoar quando estiver com as mãos imundas no meio de um passeio e quiser tê-las limpas para comer alguma coisa. Como você está em deslocamento em ruas e estradas, suas mãos ficam logo pretas.

11) **Bastante xampu neutro e condicionador.** Talvez você queira lavar os cabelos todas as noites.

12) **Protetores auriculares** contra barulho. Eu costumo levar os pequenos de espuma que são introduzidos nos ouvidos, pois às vezes queremos descansar um pouco ou tirar uma soneca no veículo de turismo, livres das buzinas que são fortes e constantes.

13) **uma mochila bem pequena para portar no dia-a-dia**, a fim de levar objetos úteis e guardar compras feitas pelo caminho;

14) **talheres pequenos para levar nos passeios** (os de *camping* são ideais, mas lembre-se de que não pode embarcar nos aviões com facas metálicas – que tal levar alguns talheres de plástico?);

15) **um copo ou caneca de material inquebrável** para tomar chá nas ruas e estradas;

O QUE NÃO LEVAR:

- **Não levar muita bagagem**, pois será um transtorno.
- **Não levar jóias** (anéis, colares, brincos, pulseiras); o ÔM não deve ser de metal valioso.
- **Não levar muita bagagem**, pois será um grande transtorno.
- **As mulheres, não levar blusa que deixe os ombros de fora nem bermuda ou saia que deixe os joelhos de fora.** Em alguns lugares, isso poderia ser interpretado como um grave insulto.
- **E, finalmente, não levar muita bagagem**, pois será um transtorno inimaginável.

QUE ROUPAS LEVAR:

Dê preferência às roupas que não sujem nem estraguem facilmente, e que não precisem ser passadas. Evite os tons berrantes do turista típico. Leve o mínimo de roupas, pois esse item você poderá comprar lá se precisar. Aí vão algumas sugestões do que levar:

1) uma calça jeans e uma de abrigo (*training*); eu sei que o *training* é brega, mas pode ser útil;
2) uma camisa para frio e duas para calor (podem ser camisetas);
3) um par de tênis velho (não leve calçado novo, nem de salto alto);
4) um casaco rústico que aqueça bastante, mas que não seja caro;
5) um par de meias de lã grossa e mais alguns, simples;
6) um traje de banho para piscina, sauna, praia;
7) um traje de Yôga normal (calção, *collant*) para praticar no hotel;
8) um traje de Yôga discreto (abrigo, *training*, camiseta) para praticar em ashram (mosteiro);

9) um par de luvas de lã ou couro forrado;

10)um gorro de lã;

11)um cachecol;

12)cinto com dispositivo interno para guardar dinheiro;

13)bolsa para carregar o passaporte e as passagens por dentro da roupa (você não imagina o transtorno que terá se os roubarem!);

14)uma muda de roupa melhor para os trechos na Europa.

TIPO E TAMANHO DAS MALAS:

1) Uma maleta de bordo. Informe-se previamente com a companhia aérea que emitir os bilhetes, qual é o tamanho permitido. Dentro dessa mala leve as coisas mais valiosas e as essenciais para a sua sobrevivência em caso de extravio da bagagem principal. Dentro dela leve também uma bolsa grande de *nylon* bem dobrada, que não ocupa espaço, para enchê-la a bordo com as coisas que você tiver levado nas mãos.

2) Um truque para conseguir portar com você mais bagagem de cabine é carregar nas mãos os casacos, câmeras, livros e revistas, pois esses itens ocupariam muito espaço (e aumentariam o peso) se fossem levados já a priori dentro da mala de cabine ou de bolsas e você não conseguiria entrar no avião com tais volumes. Mas levados nas mãos, são permitidos. Uma vez dentro da aeronave, retire a bolsa de *nylon* de dentro da malinha e encha-a com os casacos (que ocupam muito espaço) e com as câmeras e livros (que pesam muito e poderiam impedir o embarque por excesso de peso na bagagem de mão).

3) Uma mala grande com rodinhas, de preferência rígida (de fibra), que você deve levar literalmente vazia, para trazer cheia das boas compras, sem pagar taxa de peso extra. Em algumas companhias aéreas você tem direito a somente 20kg. Noutras, a uma ou duas malas com 30 quilos. Informe-se antes de escolher a empresa transportadora ou a tarifa. Entretanto, apesar disso, é sempre bom levar também den-

tro da mala, uma outra de *nylon*, para caso de necessidade. Pode ocorrer de você comprar muitas coisas que pesem pouco, mas ocupem muito espaço. Na mala grande e rígida, leve as caixas com as garrafas de meio litro de água mineral, tantas quantas você achar que vai precisar para toda a viagem.

4) Leve também uma mochila bem pequena e prática para portar durante os passeios, nos quais você levará os talheres de *camping*, caneca inquebrável, lencinhos úmidos, papel higiênico etc. E na qual poderá ir guardando os *souvenirs* que for comprando pelo caminho.

5) Um belo truque de planejamento é organizar os deslocamentos de forma que sempre retorne ao hotel-base, por exemplo, em New Delhi. Assim, você pode deixar a bagagem grande, pesada e de difícil transporte no guarda-volumes do hotel-base. Após deslocar-se por uma, duas ou três cidades, você retorna ao hotel-base para deixar as compras, reabastecer-se de água, trocar de roupa etc. Dorme mais uma noite em Delhi, para descansar, e no dia seguinte parte para outras duas ou três cidades.

Um bom roteiro

Um bom roteiro para o norte da Índia poderia ser: **Delhi**, Agra, Khajuraho, **Delhi**, Udaipur, Jaipur, **Delhi**, Hardwar, Rishikêsh, **Delhi**, Katmandu (no Nepal), **Delhi**. Se escolher o sul ou se quiser realizar um roteiro mais longo, procure adaptar esta sugestão para explorar ao máximo o conceito do hotel-base e deslocar-se com facilidade.

Para evitar extravios de bagagem:

Todas as suas bolsas, malas e sacolas devem ser marcadas, com antecedência, com um identificador em todas as faces que possa ser visto por você à distância. Isso facilitará tanto na hora de retirar suas bagagens da esteira, quanto no caso de alguém querer sair de mansinho com a sua mala. Um dia, uma aluna nossa foi surrupiada em Miami e deixou o larápio ir embora, matutando: "*Que mala parecida com a minha...*" Em bolsas de *nylon* evite material adesivo porque descola e é o mesmo que nada. O ideal seria usar *spray* de tinta amarela aplicada sobre uma máscara bem recortada com seu nome, ou com o nome do grupo (se viajar em grupo), ou com algum símbolo que o identifique. Não tenha pena de estragar a sua mala. Pior seria perdê-la... e com tudo o que tiver dentro! Além disso, coloque os seus dados (nome, endereço no Brasil, nomes e cidades dos hotéis com as respectivas datas) por fora e por dentro (as identificações de fora, às vezes caem). Porém não confie apenas nesses cuidados. Recomendamos fazer um seguro de bagagem, que é bem barato. Se você fizer um bom seguro, poderá ser uma sorte perdê-la.

Mas fique tranqüilo: com nossos cuidados, em vinte e quatro anos de viagens à Índia, só ocorreu um extravio. E foi justamente de uma pessoa que não seguiu as instruções.

REMÉDIOS:

Por falar em não abusar da sorte, embora também nunca tenhamos tido problemas com acidentes nem doença, não custa ser previdentes. Sempre é bom trazer chás medicinais, homeopatias e alopatias para diversos casos, especialmente gripe, má digestão, dor de cabeça, diarréia, prisão de ventre, enjôo e mais o que você achar que deve desde que não seja hipocondríaco. Leve pouca coisa, pois até hoje não precisamos usar quase nada.

VACINAS:

Não se esqueça de tomar suas vacinas com pelo menos doze dias de antecedência da viagem. Tem gente que deixa tudo para a última hora e depois não pode entrar na Índia porque o período de carência da vacina não foi observado. As vacinas exigidas variam conforme o ano. Informe-se com a Embaixada da Índia ou com o consulado da sua cidade. Se possível, leve junto ao passaporte uma declaração da embaixada ou consulado sobre as vacinas exigidas e o período de antecedência. Já ocorreram casos de o funcionário da Saúde dos Portos do aeroporto de Delhi inventar que o viajante precisava de outra vacina (o que não era verdade) ou que o período de incubação não fora cumprido (o que também não era verdade) e que o turista teria que ficar quarenta dias em quarentena num hospital indiano antes de prosseguir sua viagem. O viajante em geral entra em pânico e oferece pagar qualquer coisa para que seu passeio não seja estragado por um turismo forçado em enfermaria pública da Índia.

Mesmo com todas as vacinas tomadas, só beba água levada daqui. Se faltar a nossa, coloque o Hidrostéril numa água mineral com gás comprada lá, espere meia hora e, só então, ingira-a. Ou então tome chá, cuja água tenha sido fervida.

Esses cuidados não são só aconselháveis para a Índia. Mesmo dentro do nosso país, a água de certas regiões pode ser perigosa para os moradores de outras áreas. O motivo é a ausência de anticorpos para reagir contra os microrganismos desconhecidos pelo corpo. Graças a estes cuidados, sempre que o nosso pessoal volta da Índia, faz exames de laboratório e constata que está tudo bem.

Passaporte e visa

Tire o seu passaporte e providencie o visto de entrada na Índia com a maior antecedência possível. Para quem vai ficar menos de 30 dias, o visto costuma não ser exigido, mas para evitar problemas na imigração semelhantes aos descritos acima é bom solicitá-lo assim mesmo ao Consulado em São Paulo (Av. Paulista, 925 - 7º. Andar CEP 01311-100 – aberto até as 17 horas. Tel 3171-0340 / 41 Tel. 3171-0342 / 43. Telefone novo, mais fácil: 3285-1773). Basta ter um endereço no Estado de São Paulo. O ideal é cada qual tratar da própria documentação, pois alguns despachantes cobram caro e atrasam, gerando um alto grau de *stress* no viajante. Ao entregar o passaporte para o despachante cuidar, você colocou a sua vida nas mãos dele. Ele dirá que enviou os documentos para a Embaixada em Brasília e que a ela é que está demorando. Quando faltarem poucos dias para o embarque e vir-se sem os passaportes, você concordará em pagar qualquer coisa que estiver "sendo exigida" neste ou naquele setor para liberar os documentos em tempo. Conclusão: faça você mesmo, ainda que tenha de viajar para resolver isso.

A ESCOLHA DOS HOTÉIS

Evite os hotéis de cinco estrelas ou menos. Exija os da **categoria luxo**, que eu denominei "de sete estrelas", tal o salto de qualidade em relação aos cinco estrelas. A diferença é abissal e os preços não são assustadores como os da Europa. Um "sete estrelas" da Índia custa mais ou menos o equivalente a um quatro estrelas de Paris.

AGÊNCIA DE VIAGEM

O segredo de uma viagem à Índia com menos transtornos é a escolha de uma agência de viagens confiável. As melhores viagens que fiz para a Índia foram organizadas pela Time Brazil (Pedro e Ana Maria - R. do Catete 511/ 1205 CEP 22220-001 Rio de Janeiro RJ – tel. (21) 2558-3199 e 2491-4802).

RESUMO DOS EVENTOS HISTÓRICOS DA ÍNDIA QUE INFLUENCIARAM O YÔGA

Pré-história – aborígines australoides
Proto-história – drávidas
História – arianos, persas, gregos, hunos, mongois e outros povos

INFLUÊNCIAS ÉTNICAS E POLÍTICAS	DATAS	EVENTOS QUE INFLUENCIARAM O YÔGA
Civilização do Vale do Indo, também denominada dravídica ou harappiana.	**+ de 3000 a.C.**	*Shiva cria o Yôga. Na mesma época surgem o Tantra e o Sámkhya.*
Começo da invasão ariana. No mesmo período tem início a decadência da Civilização dravídica do Vale do Indo, mas alguns historiadores declaram que não teve nada a ver com a ocupação ariana. Foi coincidência.	**± 2500 a.C.**	*Os guerreiros nômades arianos destroem as edificações da Civilização do Vale do Indo, mas, como viviam em tendas, não sabiam construir cidades. Isso fez da Índia o único país que, depois de ter tido a arquitetura, ficou sem ela por vários séculos.*
Vaga final da ocupação ariana, após mil anos de expedições militares e de colonização.	**± 1500 a.C.**	*O Yôga, o Tantra e o Sámkhya sofrem discriminação, pois são considerados patrimônio cultural do povo que perdeu a guerra.*
Recrudescem as medidas arianas para evitar a miscigenação racial com os drávidas.	**± Séc. X a.C.**	*Surgem as castas (varnas).*
	± Séc. VIII ao séc. III a.C.	*São escritas as Upanishads. Várias delas mencionam o Yôga, o que prova que o Yôga já existia antes de Pátañjali.*
Invasão persa.	**± Séc VI a.C.**	*Nascimento de Buddha.*
Invasão grega (Alexandre Magno).	**326 a.C.**	
Depois das invasões persa e grega, os arianos atenuam suas restrições quanto ao Yôga.	**± Séc. III a.C.**	*Pátañjali escreve o Yôga Sútra, formalizando a arianização do Yôga.*
Invasão dos Hunos.	**± Séc. V d.C.**	

Invasão árabe.	**Séc. VIII**	*Shankarácharya difunde o Vêdánta. Começa a vedantização maciça do Yôga.*
A islamização, discretamente iniciada com a invasão árabe, vai instalar-se efetivamente com a próxima invasão.	**Séc. XI**	*Gôrakshanatha cria o Hatha Yôga. Tem início o costume de oferecer benefícios terapêuticos em troca da dedicação ao Yôga.*
Invasão turco-afegã.	**Séc. XII**	
Invasão mongol (Gengis Khan).	**Séc. XIII**	
Invasão portuguesa.	**Séc. XVI**	*Começa a cristianização do Yôga.*
Invasão inglesa.	**Séc. XVII**	*Começa a influência da ginástica britânica sobre o Yôga.*
Ocupação francesa de alguns territórios ao Sul da Índia a partir do fim do século anterior.	**Séc. XVIII**	
Charles Masson (codinome de James Lewis) descobre as ruínas de Harappa.	**1826**	
O arqueólogo Alexander Cunningham encontra as ruínas mencionadas no diário de Masson.	**1853**	
Cunningham consegue fundos para as escavações, mas quando chega ao local ele já havia sido vandalizado.	**1873**	
A Índia passa a receber hordas de ocidentais interessados no Yôga, mas que interpretam tudo errado, de acordo com os seus paradigmas.	**1970**	*Intensifica-se a deturpação do Yôga no Ocidente, sob o comando da Califórnia. As demais culturas acatam sua atitude utilitarista, mesclante e mercantilista.*
Apesar das descobertas históricas e arqueológicas, os professores de Yôga insistem em ignorar que existiu um Yôga Pré-Clássico e persistem em afirmar que o ariano Pátañjali é o "pai do Yôga".	**2000**	*Como reação contra a deturpação do Yôga, DeRose lança uma ofensiva internacional de resgate do Yôga Antigo, que estava em extinção.*

A MEDALHA COM O ÔM

SÍMBOLO UNIVERSAL DO HINDUÍSMO E DO YÔGA

Um dia sonhei com meu Mestre ofertando-me um objeto carregado de força ancestral, algo que se materializara em meio a um torvelinho de luz dourada na palma da mão dele, bem diante dos meus olhos. Quando a névoa de luz se dissipou e pude ver melhor, era uma medalha muito bonita, com aparência bem antiga e gasta pelo tempo, detentora de uma magnificência e dignidade tão evidentes que saltavam aos olhos. No centro, pude reconhecer o ÔM, símbolo universal do Yôga, em sânscrito, escrito em alfabeto dêvanágarí.

Foi apenas um sonho, sem nenhuma pretensão a precognição. Mas um sonho nítido e forte, cuja lembrança permaneceu clara em minha memória por muito tempo.

Passaram-se os anos. Fui inúmeras vezes à Índia, por mais de vinte anos. Nos Himálayas, frequentei um mosteiro muito conceituado, onde tive aulas de diversas modalidades de Yôga. Lá havia uma biblioteca com obras raras e preciosas, algumas bem antigas. Foi remexendo num desses livros que encontrei o ÔM com um traçado que me fascinou. Era esteticamente superior aos que habitualmente aparecem na maior parte dos livros de Yôga. Havia uma harmonia e um equilíbrio impressionantes. Deixei-me viajar por dentro de suas linhas de força e entrei em meditação profunda enquanto o contemplava.

Terminada a experiência, eu estava arrebatado por esse símbolo incrivelmente forte. Não resisti e fotografei-o[5]. Chegando ao Brasil, mandei fotolitar e ampliar o ÔM. O resultado foi surpreendente. As pequenas irregularidades da impressão antiga sobre o papel rústico ficaram bem pronunciadas. O contorno do Ômkára adquiriu uma aparência ainda mais ancestral e desgastada pelo tempo. Nenhum desenhista ocidental ou moderno tocou nesse símbolo.

Ficou tão bonito que os meus alunos e demais instrutores, todos, queriam uma cópia. Começaram a surgir medalhas de ouro, mandadas fazer pelos alunos, tentando imitar esse nobilíssimo ÔM, mas, evidentemente, os ourives não conseguiam e, com frequência, ocorriam erros graves no traçado ou nas proporções. Tais incorreções eram imperceptíveis aos leigos, não obstante, capazes de alterar suas características. Quando os não-iniciados mandam executar uma medalha com o ÔM normalmente incorrem em alguns erros. Para evitá-los, atente ao seguinte:

a) Habitualmente os profissionais de ourivesaria que executam o ÔM não entendem nada do símbolo que estão tentando reproduzir e terminam por cometer erros grosseiros, muitas vezes fazendo desenhos de mau-gosto e que perdem a característica original, anulando seus efeitos positivos.

b) Fora isso, pelo fato de o ouro ser metal caro, faziam-no recortado por medida de economia. Ora, era comum que a medalha virasse, ficando com a imagem invertida, oferecendo à percepção visual do observador uma antítese do yantra ÔM! Como o poder dos símbolos traduz-se pela leitura inconsciente dos arquétipos codificados em setores obscuros da mente humana, essa inversão gerava o oposto do que os portadores daquelas medalhas esperavam. Não sei se por coincidência, mas a maioria das pessoas que utilizavam esse ÔM que virava e ficava invertido, terminavam por dar sinais de falta de sintonia.

O ÔM não deve ser recortado ou vazado, pois se for feito assim, ficará virado com frequência, apresentando o ÔM invertido, isto é, representan-

5 Décadas após, descobri que muitos anos antes de ir à Índia eu já havia encontrado um ÔM praticamente idêntico e que me fascinara igualmente. Depois, esqueci-me dele e fui reencontrá-lo no Mosteiro dos Himálayas. Certamente, por estar sozinho naquele ambiente meio mágico, isso terá produzido um efeito emocional diferente ao reencontrar o traçado do ÔM com o qual eu já naturalmente percebera tanta sintonia.

do sua antítese em termos de simbolismo, consequentemente, com efeitos opostos;

Por essas razões achei mais prudente assumir a responsabilidade de mandar cunhar as medalhas, com o ÔM forte que tinha trazido dos Himálayas, obedecendo ao *design* da medalha com a qual havia sonhado anos antes e com a mesma liga de metal que costuma ser utilizada no artesanato indiano, o *brass* (liga de cobre e zinco). Assim, mandei cunhar uma medalha[6] em forma antiga, tendo de um lado o ÔM circundado por outras inscrições sânscritas

e do outro lado o ashtánga yantra, símbolo do SwáSthya Yôga.

Quando a primeira medalha ficou pronta, emocionou a todos pela sua superlativa beleza, harmonia, sensibilidade e força. Para começar, era uma obra de arte. Nunca antes eu vira uma medalha com o ÔM tão bonita em parte alguma do mundo, nem na própria Índia.

6 Em respeito ao leitor e para preservar nossa boa imagem, sentimo-nos na obrigação de informar que pessoas desatentas estão comercializando, sem a nossa autorização, cópias piratas desta medalha, algumas com péssimo acabamento e com erros nas inscrições sânscritas. Informamos que a **Medalha com o ÔM** está registrada no INPI como propriedade industrial e na Biblioteca Nacional como propriedade intelectual. Se alguma empresa desejar autorização para reproduzi-la deverá entrar em contato conosco pelo telefone (11) 3081-9821, celular (11) 9976-0516 e-mail: presidente@uni-yoga.org.

Mesmo na Índia as pessoas nos perguntam onde conseguimos uma peça com essa autenticidade tão marcantemente estampada. Quando tiramos a medalha do pescoço e lhes presenteamos, comovem-se, seus olhos ficam úmidos e agradecem duas ou três vezes. Anos depois, se nos reencontramos, vemos que ainda a estão usando e que lembram-se do nosso nome.

Aliás, em todos os países por onde o SwáSthya Yôga se expandiu[7], o ato de tirar a sua medalha do pescoço e presentear com ela a alguém, ganhou um forte significado de homenagem especial e de uma declaração formal de amizade verdadeira. Esse ato tão singelo tem adquirido um sentido muito profundo de carinho e quem recebe a medalha torna-se, para sempre, um amigo leal e sincero.

Graças à medalha, as pessoas estão o tempo todo se descobrindo, encontrando-se, conhecendo-se, ampliando seu círculo de amizades nos aeroportos, nos trens, nos ônibus, nos teatros, nos shows, nas universidades. Yôga significa união. Pois a medalha com o símbolo do Yôga está cumprindo muito bem essa proposta de unir as pessoas afins!

O USO DA MEDALHA COM O ÔM (ॐ)

Evidentemente, portando um tal símbolo, estabelecemos sintonia com uma corrente de força, poder e energia que é uma das maiores, mais antigas e mais poderosas da Terra. Por isso, muita gente associa com a ideia de proteção o uso de uma medalha com o símbolo do ÔM. Embora sejamos obrigados a reconhecer certa classe de resultados dessa ordem, achamos que tal não deve ser a justificativa para portar a medalha, pois, agindo assim, ficaríamos susceptíveis de descambar para o misticismo, contra o qual a nossa linhagem de Yôga (Niríshwarasámkhya) é taxativa. Deve-se usá-la de forma descontraída e se nos dá prazer; se estamos identificados com o que ela significa e com a linhagem que representa. Não por superstição nem para auferir benefícios.

Sendo objetivo da nossa linhagem perpetuar a autenticidade do Yôga Ancestral, assumimos aquele desenho do yantra ÔM reproduzido fo-

---

[7] Brasil, Argentina, Portugal, Espanha, França, Inglaterra, Alemanha, Itália, Bélgica, Estados Unidos, Havaí, Indonésia, Nova Zelândia e outros.

tograficamente de um texto antigo encontrado em Rishikêsh, nos Himálayas. Nenhum desenhista ocidental tocou nesse símbolo. Ele se mantém original como a orientação do nosso Yôga. Dessa forma, se você quiser seguir a nossa tradição, está autorizado a utilizá-lo, mas com a condição de que o reproduza fotograficamente ou escaneado, para não alterar sua minuciosa exatidão. Só não estará autorizado a usar o ÔM antes da sua assinatura, pois isso constitui privilégio dos que receberam a iniciação ao ÔM pessoalmente do seu Mestre e aprenderam as diversas formas de traçá-lo e pronunciá-lo de acordo com os efeitos desejados. Só então, poderá incorporá-lo dessa forma ao seu nome.

Profa. Vanessa de Holanda,
Diretora da Unidade Leblon, no Rio de Janeiro,
executando utthita mayurásana diante do Taj Mahal, na Índia.

A LENDA DO PERFUME KÁMALA

Conta a lenda, que Muntaz era uma das esposas de um poderoso Maharája do Norte da Índia. Desalentada, via que seu senhor manifestava preferência pelas outras mulheres enquanto ela era rejeitada, apesar de procurar conquistar o coração do Rei, fazendo-se graciosa e tentando servi-lo da melhor maneira. Mas nada adiantava. As outras deviam ser mais adestradas nas artes do amor e colhiam os benefícios da satisfação do Maharája.

Certo dia, Muntaz procurou um Perfumista para que lhe preparasse uma essência a fim de ajudá-la a aprisionar o coração do Rei. O Perfumista, súdito daquele soberano, recusou-se a ajudá-la, temendo as consequências, caso fosse descoberto.

Muntaz, tomada de desesperança, recolheu-se às funções secundárias das esposas menos importantes e passou a tomar muito cuidado com as suas ações, pois os reis costumavam mandar matar as esposas inconvenientes.

Assim, ocupou-se da arte da perfumaria, tida em alta conta nas cortes indianas de antanho. Além dos incensos, era muito apreciada a utilização de fontes com chafarizes que, ao invés de água, jorravam água-de-colônia, para deleite do monarca e seus convidados.

Tempos depois, o reino foi visitado por nobres portadores de oferendas ao Marajá, constituídas pelas mais sutis fórmulas de todo o mundo, inclusive da Europa. Muntaz foi encarregada de servi-los como anfitriã e de aprender o que pudesse para aprimorar sua função.

O Perfumista-mor, homem idoso, cuja experiência o tornara observador de invejável acuidade, dirigiu-se a Muntaz e perscrutou:

– Alteza, notei que o coração de certa dama da corte está triste pela falta de retribuição do amor que devota ao seu esposo.

– Caro senhor, sua acutilância pode pôr em risco a privacidade dessa dama – respondeu a desditosa consorte, não com hostilidade, mas com indisfarçável tristeza.

– Asseguro-lhe que esse risco ela não correrá, porquanto posso ajudar tal dama com toda a discrição.

Ouvindo essas palavras, os olhos de Muntaz traíram a curiosidade, o desejo e a esperança. O ancião percebeu e sentiu-se encorajado a prosseguir:

– Uma das mais bem guardadas fórmulas que trago na memória, é a do perfume denominado Kámala. Seu aroma poderoso é capaz de despertar a paixão do homem e da mulher, estimulando o desejo dos dois parceiros tão intensamente, a ponto de restabelecer os fluidos vitais dos homens impotentes e das mulheres frígidas. Esse secreto perfume foi elaborado originalmente com o objetivo de aumentar a energia das pessoas para despertar nelas a força da criatividade, da sensibilidade e do dinamismo para o trabalho intelectual. Mas os antigos observaram que sob sua ação, surgiram as outras manifestações que enriqueciam a vida amorosa. Foi aí que o batizaram com o nome Kámala, que é o outro nome da flor de lótus. Vou lhe ensinar essa fórmula para que Vossa Alteza possa auxiliar a dama em questão, ou qualquer outra que o necessite.

Depois de ouvir tudo isso, Muntaz não podia recusar a oferta. Disse-lhe, então, o sábio perfumista:

– É preciso utilizar os mais fortes fixadores da natureza, para que este óleo fique tão impregnado no corpo a ponto de exalar o seu perfume por muitas horas e até dias. O âmbar, o civete e o almíscar conferem-lhe o fascínio da sensualidade. Por outro lado, o sândalo, a alfazema e a rosa de boa procedência proporcionam a nobreza, a delicadeza e a nota romântica do buquê. Isto é um grande segredo da perfumaria oriental, que o Ocidente ainda desconhece. Depois é só ir temperando com mais estas dezessete essências naturais, até ficar bem aveludado e macio. Finalmente, o Kámala deve ser posto a envelhecer num recipiente de cristal, cuja tampa precisa permanecer lacrada por um ano. Só depois desse tempo, pode ser utilizado. Mas atenção: a fórmula tem que ser preparada em noite de lua crescente e só se deve romper o lacre numa noite da mesma lua.

Muntaz fez exatamente como lhe havia sido ensinado. Um ano depois, muito emocionada, abriu o frasco. A fragrância invadiu seus aposentos. Conforme as instruções do velho perfumista, Muntaz resistiu à tentação e usou apenas três gotas na palma da mão, esfregou as mãos e, com elas, seu pescoço, colo e cabelos. Nessa noite, propositadamente, foi levar os quitutes ao Maharája. Este, ao sentir o perfume inebriante, pareceu notá-la pela primeira vez em tantos anos. Pediu-lhe que ficasse e se sentasse junto a ele. Perguntou-lhe por que haviam se distanciado e confessou-lhe o desejo de estar mais tempo em sua presença.

Assim, dia após dia, Muntaz foi conquistando o coração do Rei até que, finalmente, ele ficou loucamente apaixonado por ela e não se interessava mais pelas outras mulheres.

Conta-se que quando Muntaz morreu, o Marajá mandou construir um mausoléu enorme e lindíssimo em mármore branco, como jamais houvera outro igual em toda a Índia. E que, no palácio, encheu seus aposentos de espelhos dispostos de maneira que, onde quer que ele estivesse, pudesse vê-la em sua última morada. Hoje repousa ao lado dela, realizando suas juras de amor eterno.

Nos séculos seguintes e até hoje, o perfume Kámala é considerado secreto e difícil de se conseguir, mesmo uma pequena quantidade. Somente os muito merecedores podem, eventualmente, obter um frasquinho com seu preceptor.

ESTA LENDA É APENAS UM CONTO ESCRITO POR MIM, INSPIRADO NA BELÍSSIMA HISTÓRIA DO TAJ MAHAL.

O PERFUME KÁMALA TRATA-SE DE UMA FÓRMULA QUE CRIEI E TORNA-SE OPORTUNO INFORMAR QUE NENHUM FIXADOR DE ORIGEM ANIMAL QUE EXIJA SACRIFÍCIO É UTILIZADO NA CONFECÇÃO DESTE PERFUME.

Instrutoras Carla Cordeiro e Karla Juliane
da Cia. SwáSthya de Artes Cênicas, coreógrafa Laura Ferro
Fotografia de Rodolpho Pajuaba

A HISTÓRIA DO YÔGA NO BRASIL

Texto escrito na década de 1970 pela Comissão Editorial do Prontuário de Yôga Antigo, atualizado com os eventos que ocorreram posteriormente.

QUEM INTRODUZIU O YÔGA NO BRASIL

Quem inaugurou oficialmente a existência do Yôga no Brasil foi um francês chamado Léo Costet de Mascheville. Ele viajou por várias cidades fazendo conferências, fundou um grupo em Lages (SC) e um mosteiro em Resende (RJ). Era um líder natural e sua voz era suficiente para arrebatar corações e mentes. Com esse pioneiro aprenderam Yôga todos os instrutores da velha guarda. E quando dizemos velha guarda, estamos nos referindo aos que lecionavam na década de 1960, cuja maioria já partiu para os planos invisíveis.

Léo Costet de Mascheville enfrentou muitos obstáculos e incompreensões durante sua árdua caminhada. Enfim, esse é o preço que se paga pelo pioneirismo. Todos os precursores pagaram esse pesado tributo.

Ao considerar sua obra bem alicerçada e concluída, o Mestre recolheu-se para viver em paz seus últimos anos. Todos quantos o conheceram de perto guardam-lhe uma grande admiração e afeto.

QUEM ESCREVEU O PRIMEIRO LIVRO DE YÔGA

O general Caio Miranda publicou o primeiro livro de Yôga de autor brasileiro, intitulado **A Libertação pelo Yôga***, no ano de 1960, pela Editora Freitas Bastos, do Rio de Janeiro. Caio escreveu vários livros, fundou perto de vinte institutos de Yôga em diversas cidades e formou os primeiros instrutores de Yôga do Brasil. Assim como Léo Costet de Mascheville, Caio Miranda tinha forte carisma que não deixava ninguém ficar indiferente: ou o amavam e seguiam, ou o odiavam e perseguiam.*

Na década de sessenta do século XX, desgostoso pelas incompreensões que sofrera, morreu com a enfermidade que ceifa a maioria daqueles que não utilizam pújá em suas aulas, pois essa técnica contribui com a proteção do instrutor e os que não a aplicam ficam mais vulneráveis.

Com a morte do Mestre Caio Miranda, ocorreu um cisma. Antes, haviam-se unido todos contra ele, já que sozinhos não poderiam fazer frente ao seu conhecimento e ao seu carisma. Isso mantinha um equilíbrio de forças. De um lado, um forte e do outro, vários fracos...

Mas a partir do momento em que estava vago o trono, dividiram-se todos. Por essa razão, os nomes desses profissionais serão omitidos, pois não merecem ser citados nem lembrados. Pessoas que vivem falando de Deus e de tolerância, mas por trás semeiam a discórdia no seio do Yôga não merecem ser mencionadas. São exemplos de incoerência.

QUEM REALIZOU A OBRA MAIS EXPRESSIVA

*Em 1960 DeRose começou a lecionar numa conhecida sociedade filosófica. Em 1964 fundou o Instituto Brasileiro de Yôga. Em 1969, publicou o primeiro livro (*__Prontuário de Yôga Antigo__*), que foi elogiado pelo próprio Ravi Shankar, pela Mestra Chiang Sing e por outras autoridades. Em 1975, já consagrado como um educador sincero, encontrou o apoio para fundar a União Nacional de Yôga, a primeira entidade a congregar instrutores e escolas de todas as modalidades de Yôga, sem discriminação. Foi a União Nacional de Yôga que desencadeou o movimento de união, ética e respeito mútuo entre os profissionais dessa área de ensino. Desde então, a União cresceu muito e conta hoje com centenas de escolas, praticamente no Brasil todo, e ainda em outros países das Américas e Europa.*

Em 1978 DeRose liderou a campanha pela criação e divulgação do ***Primeiro Projeto de Lei visando à Regulamentação da Profissão de Professor de Yôga****, o qual despertou viva movimentação e acalorados debates de Norte a Sul do país. A partir da década de setenta,* ***introduziu os Cursos de Extensão Universitária para a Formação de Instrutores de Yôga*** *em praticamente todas as Universidades Federais, Esta-*

duais e Católicas. Em 1980, começou a ministrar cursos na própria Índia e a lecionar para instrutores de Yôga na Europa. Em 1982, realizou o ***Primeiro Congresso Brasileiro de Yôga****. Ainda em 82, lançou o primeiro livro voltado especialmente para a orientação de instrutores, o* **Guia do Instrutor de Yôga***; e a primeira tradução do* **Yôga Sútra de Pátañjali***, a mais importante obra do Yôga Clássico, já feita por professor de Yôga brasileiro. Desafortunadamente, quanto mais sobressaía, mais tornava-se alvo de uma perseguição impiedosa movida pelos concorrentes invejosos que sentiam-se prejudicados com a campanha de esclarecimento movida pelo Prof. DeRose. Em 1994, completando 20 anos de viagens à Índia, fundou a* ***Primeira Universidade de Yôga do Brasil*** *e a* ***Universidade Internacional de Yôga*** *em Portugal. Em 1997, DeRose lançou os alicerces do* ***Conselho Federal de Yôga*** *e do* ***Sindicato Nacional dos Profissionais de Yôga****.*

DeRose recebendo a Medalha da Paz, da ONU Brasil, em 2006.

RECONHECIMENTO PELAS INSTITUIÇÕES CULTURAIS E HUMANITÁRIAS,

Assembléia Legislativa, Governo do Estado, Câmara Municipal, Exército Brasileiro, Polícia Militar, Rotary, Câmara Brasileira de Cultura, Ordem dos Parlamentares do Brasil etc.

Comemorando 40 anos de carreira no ano 2000, recebeu em 2001 e 2002 o reconhecimento do título de ***Mestre em Yôga*** *(não-acadêmico) e* ***Notório Saber em Yôga*** *pela FATEA – Faculdades Integradas Teresa d'Ávila (SP), pela Universidade Lusófona, de Lisboa (Portugal), pela Universidade do Porto (Portugal), pela Universidade de Cruz Alta (RS), pela Universidade Estácio de Sá (MG), pelas Faculdades Integradas Coração de Jesus (SP), pela Câmara Municipal de Curitiba (PR) e pela Sociedade Brasileira de Educação e Integração, a qual também lhe conferiu uma Comenda.*

Em 2003, recebeu outro certificado de ***Mestre em Yôga*** *(não-acadêmico) e* ***Notório Saber em Yôga*** *pela Universidade Estácio de Sá (SC) e mais um título de* ***Comendador****, agora pela Academia Brasileira de Arte, Cultura e História.*

DeRose recebendo a Medalha Marechal Falconière, em 2007.

Em 2004, recebeu o grau de ***Cavaleiro****, pela Ordem dos Nobres Cavaleiros de São Paulo, reconhecida pelo Comando do Regimento de Cavalaria Nove de Julho, da Polícia Militar do Estado de São Paulo, e o Colar de José Bonifácio conferido pela Sociedade Brasileira de Heráldica e Medalhística.*

Em 2005, recebeu o título de ***Doutor*** **Honoris Causa** *pela Ordem dos Parlamentares do Brasil, outro pela Câmara Brasileira de Cultura, outro pela Soberana Ordem D. Pedro I, outro pela Universidade Livre da Potencialidade Humana e outro pela Faculdade de Artes do Paraná.*

Em 2006, recebeu o Diploma do Mérito Histórico e Cultural no grau de Grande Oficial. Foi nomeado Conselheiro da Ordem dos Parlamentares do Brasil. No mesmo ano, recebeu a Medalha Tiradentes pela Assembléia Legislativa do Estado do Rio de Janeiro e a Medalha da Paz, pela ONU Brasil.

DeRose recebendo a Medalha Internacional dos Veteranos das Nações Unidas e dos Estados Americanos, em 2007, das mãos do Coronel Lemos.

Em 2007, recebeu o título de Sócio Honorário do Rotary e a medalha Paul Harris da Fundação Rotária do Rotary International. No mesmo ano foi agraciado com a Medalha Internacional dos Veteranos das Nações Unidas e dos Estados Americanos. Nesse mesmo ano recebeu a Cruz Acadêmica da Federação das Academias de Letras e Artes do Estado de São Paulo "por ações meritórias e enaltecedoras ao desenvolvimento da Nação". Em 30 de janeiro de 2007, recebeu Moção de Votos de Júbilo e Congratulações da Câmara Municipal de São Paulo (RDS 3059/2006). Em 27 de março de 2007, recebeu Voto de Louvor e Congratulações da Assembléia Legislativa do Estado do Paraná "por seus relevantes serviços prestados". Em dezembro de 2007 recebeu a Medalha Marechal Falconière.

O Com[dor]. DeRose no Museu da Marinha do Brasil, recebendo a Láurea D. João VI em comemoração pelos 200 anos da Abertura dos Portos, em 2008.

Em 2008 recebeu a Láurea D. João VI em comemoração pelos 200 anos da Abertura dos Portos. No Dia Estadual do Yôga, 18 de fevereiro, recebeu da Câmara Municipal o título de Cidadão Paulistano.

Em março, foi agraciado pelo Governador do Estado de São Paulo com o Diploma Omnium Horarum Homo, *da Defesa Civil. Neste ano, recebeu também a Cruz da Paz dos Veteranos da Segunda Guerra Mundial, a Medalha do Mérito da Força Expedicionária Brasileira, a Medalha MMDC pelo Comando da Polícia Militar do Estado de São Paulo, a Medalha do Bicentenário dos Dragões da Independência do Exército Brasileiro e a Medalha da Justiça Militar da União.*

Em novembro de 2008 foi nomeado Grão-Mestre da Ordem do Mérito das Índias Orientais, de Portugal. Nesse mesmo ano foi constituído no cargo de Adido Cultural da Université de Yôga de Paris, França.

Em virtude das suas atuações nas causas sociais e humanitárias, no dia 2 de dezembro, recebeu uma medalha da Associação Paulista de Imprensa. No dia 4 de dezembro, foi agraciado com a medalha Sentinelas da Paz, pelos Boinas Azuis da ONU de Joinville, Santa Catarina. No dia 5 de dezembro, recebeu, na Câmara Municipal de São Paulo a Cruz do Reconhecimento Social e Cultural. No dia 9 de dezembro, recebeu no Palácio do Governo a medalha da Casa Militar, pela Defesa Civil, em virtude da participação nas várias Campanhas do Agasalho do Estado de São Paulo e na mobilização para auxiliar os desabrigados da tragédia de Santa Catarina. No dia 22 de dezembro, recebeu mais um diploma de reconhecimento da Defesa Civil no Palácio do Governo.

Em janeiro de 2009, recebeu o diploma de Amigo da Base de Administração e Apoio do Ibirapuera, do Exército Brasileiro.

Por lei estadual, a data do aniversário do Comendador DeRose, 18 de fevereiro, foi instituída como o **Dia do Yôga** *em **DOZE ESTADOS**: São Paulo, Rio de Janeiro, Paraná, Santa Catarina, Rio Grande do Sul, Minas Gerais, Bahia, Mato Grosso, Mato Grosso do Sul, Pará, Goiás, Piauí. E mais o Distrito Federal.*

Na Câmara Municipal de São Paulo, DeRose recebeu o título de Cidadão Paulistano no Dia Estadual do Yôga, 18 de fevereiro de 2008. Na foto, da esquerda para a Direita, o Comendador DeRose; o Presidente do Rotary São Paulo Morumbi, Dr. Gianpaolo Fabiano; o Deputado Dr. Dennys Serrano; o Vereador José Rolim; o Presidente da Associação Brasileira dos Expedicionários das Forças Internacionais de Paz da ONU, Dr. Walter Mello de Vargas; e o Coronel Alvaro Magalhães Porto, Oficial do Estado Maior do Comando Militar do Sudeste.

Atualmente, DeRose comemora 25 livros escritos, publicados em vários países e mais de um milhão de exemplares vendidos. Por sua postura avessa ao mercantilismo, conseguiu o que nenhum autor obtivera antes do seu editor: a autorização para permitir free download *de vários dos seus livros pela internet em português, espanhol, alemão e italiano, bem como MP3, sem ônus, dos CDs de prática e disponibilizou dezenas de* webclasses *gratuitamente no site* ***www.Uni-Yoga.org****,* site *esse que não vende nada.*

Todas essas coisas foram precedentes históricos. Isso fez de DeRose o mais citado e, sem dúvida, o mais importante Mestre de Yôga do Brasil, pela energia incansável com que tem divulgado o Yôga nos últimos quase 50 anos em livros, jornais, revistas, rádio, televisão, conferências, cursos, viagens e formação de novos instrutores. Formou mais de 6000 bons instrutores e ajudou a fundar milhares de centros de Yôga, associações profissionais, Federações, Confederações e Sindicatos de Yôga. Hoje tem sua obra expandida por Argentina, Chile, Portugal, Espanha, França, Inglaterra, Escócia, Alemanha, Itália, Havaí, Indonésia, Estados Unidos, Canadá, Austrália etc.

O Mestre recebendo a medalha comemorativa pelos 25 anos de DeRose em Portugal. Da esquerda para a Direita, o escultor Zulmiro de Carvalho, os professores Luís Lopes, DeRose, António Pereira e o Vereador da Câmara Municipal de Gondomar, Fernando Paulo.

Sempre exigiu muita disciplina e correção daqueles que trabalham com o seu método de Yôga Antigo, o SwáSthya Yôga, o que lhe valeu a reputação de perfeccionista, bem como muita oposição dos que sentiam-se incomodados com a relevância da sua obra.

De Rose defende categoricamente o Yôga Antigo, pré-clássico, pré-vêdico, Dakshinacharatántrika-Niríshwarasámkhya Yôga, o qual sistematizou e denominou SwáSthya Yôga.

Exemplo de seriedade, tornou-se célebre pela corajosa autocrítica com que sempre denunciou as falhas do métier sem, todavia, faltar com a ética profissional e jamais atacando outros professores. Isso despertou um novo espírito, combativo e elegante, em todos aqueles que são de fato seus discípulos.

Comendador DeRose na solenidade de recebimento da Medalha MMDC, da Polícia Militar do Estado de São Paulo, em 2008.

Recebendo a Medalha do Bicentenário dos Dragões da Independência, do Exército Brasileiro, em 2008.

DeRose é apoiado por um expressivo número de instituições culturais, acadêmicas, humanitárias, militares e governamentais que reconhecem o valor da sua obra e o tornaram o Mestre de Yôga mais condecorado no mundo com medalhas, títulos e comendas. Contudo, ele sempre declara:

"As honrarias com que sou agraciado de tempos em tempos pelo Exército Brasileiro, pela Assembléia Legislativa, pelo Governo do Estado, pela Câmara Municipal, pela Polícia Militar, pelo Rotary, pela Câmara Brasileira de Cultura, pela Ordem dos Parlamentares do Brasil e por outras entidades culturais e humanitárias tratam-se de manifestações do respeito que a sociedade presta ao Yôga e ao trabalho de todos os profissionais desta área. Assim, sendo, quero dividir com você o mérito deste reconhecimento."

[Histórico elaborado pela Comissão Editorial da Universidade de Yôga]

Comendador DeRose, recebendo a Medalha da Justiça Militar da União, em 2008.

O TRAJE FORMAL HINDU

De vez em quando, alguém pergunta que roupa é aquela que o Comendador utiliza em solenidades. Aquele terno é o traje formal hindu. Sua denominação internacional é ***Nehru suit****, em referência ao primeiro Primeiro-Ministro da Índia (1947) que o tornou conhecido por comparecer a reuniões com chefes de estado e a solenidades com a sua indumentária tradicional. Na verdade, vestimentas tradicionais são aceitas em muitos lugares do mundo para substituir o smoking (tuxedo), como, por exemplo, o Rio Grande do Sul. Lá, em recepções que exijam black-tie, se o gaúcho comparecer pilchado, isto é, de calça bombacha, botas e demais acompanhamentos, essa vestimenta é aceita como de gala. Outro nome para o* ***Nehru suit****, em hindi, é* ***bandgalá****.*

A DIVULGAÇÃO DESTAS HOMENAGENS E CONDECORAÇÕES NÃO TEM JUSTIFICATIVA NA VAIDADE PESSOAL.

É muito bom que ocorram essas solenidades de outorga, pois a opinião pública, nossos instrutores, nossos alunos e seus familiares percebem que há instituições fortes e com muita credibilidade que nos apoiam e reconhecem o valor do trabalho que realizamos pela juventude, pela nação e pela humanidade.

Ser uma personalidade pública é uma maldição:
implica em que lhe atribuam coisas boas que você nunca fez
e coisas ruins que você jamais faria.
DeRose

ALGUMAS COMENDAS, MEDALHAS E CONDECORAÇÕES COM QUE O COMDOR. DEROSE FOI AGRACIADO

POR INSTITUIÇÕES CULTURAIS, HUMANITÁRIAS, MILITARES E GOVERNAMENTAIS

"Aceito essas homenagens porque elas não são para engrandecer o ego de uma pessoa, mas servem como reconhecimento ao Yôga pela sociedade e pelas instituições. É o Yôga que está sendo condecorado." DeRose

1. Medalha Tiradentes, da Assembléia Legislativa do Rio de Janeiro.
2. Medalha Internacional dos Veteranos das Nações Unidas e dos Estados Americanos.
3. Medalha da Paz, pela ONU Brasil.
4. Medalha Marechal Falconière.

5. Comenda da Sociedade Brasileira de Educação e Integração.
6. Comenda do Mérito Profissional, da Academia Brasileira de Arte, Cultura e História.
7. Cruz Acadêmica, da Federação das Academias de Letras e Artes do Estado de São Paulo.
8. Medalha Paul Harris, da Fundação Rotária Internacional.

9. Cruz do Mérito Filosófico e Cultural, da Sociedade Brasileira de Filosofia, Literatura e Ensino.
10. Cruz de Cavaleiro, da Ordem dos Nobres Cavaleiros de São Paulo.
11. Medalha do Mérito Histórico e Cultural, da Academia Brasileira de Arte, Cultura e História.
12. Cruz do Reconhecimento Social e Cultural, da Câmara Brasileira de Cultura.

13. Colar José Bonifácio, da Sociedade Brasileira de Heráldica e Medalhística.
14. Comenda da Câmara Brasileira de Cultura.
15. Medalha de Reconhecimento, da Câmara Brasileira de Cultura.
16. Medalha do 2º. Centenário do Nascimento de José Bonifácio de Andrade.

17. Medalha Ulysses Guimarães, da Ordem dos Parlamentares do Brasil.
18. Medalha da UNICEF da União Européia.
19. Medalha Comemorativa dos 25 Anos do Mestre DeRose em Portugal.
20. Esplendor do Mérito Histórico e Cultural.

21. Medalha Comemorativa dos 200 Anos da Justiça Militar da União.
22. Láurea D. João VI em comemoração pelos 200 anos da Abertura dos Portos.

23. Medalha do Bicentenário dos Dragões da Independência, do Exército.
24. Medalha do Bicentenário dos Dragões da Independência, do Exército.
25. Cruz da Paz dos Veteranos da Segunda Guerra Mundial.
26. Medalha do Rotaract

27. Medalha Olavo Bilac.
28. Medalha do Mérito da Força Expedicionária Brasileira.
29. Medalha MMDC, comemorativa da Revolução Constitucionalista de 1932.
30. Medalha Ulysses Guimarães, da Ordem dos Parlamentares do Brasil (segunda).

registro de títulos e documentos
e registro civil das pessoas jurídicas
escrivão: bel. josé maria siviero

3º R.T.D.

rua XV de novembro, 80
cep 01013-000 · são paulo-sp
fone: 232-3171 telefax: 37-8830

Certidão de Personalidade Jurídica

Certifico e dou fé que nos termos dos arts. 18 e 19 do Código Civil Brasileiro, e na forma dos arts. 114 e 119, da lei nº 6.015 de 31 de dezembro de 1973, em data de hoje foi conferida personalidade jurídica a

UNIVERSIDADE INTERNACIONAL DE YÔGA

entidade civil estabelecida à Alameda Jaú, 2000.
na cidade de São Paulo, Estado de São Paulo,
conforme registro em microfilme nº **232.558/94*** deste **3º RTD.**

São Paulo 18 de novembro de 19 94.

15 de Novembro de 1889 — REPÚBLICA FEDERATIVA DO BRASIL

O QUE É A
UNIVERSIDADE DE YÔGA

Não temos cursos de terceiro grau

Universidade de Yôga é o nome da entidade legalmente registrada em cartório de Registro Civil das Pessoas Jurídicas. Essa é a **razão social**. Temos dois registros: um como **PRIMEIRA UNIVERSIDADE DE YÔGA DO BRASIL**, registrada nos termos dos arts. 45 e 46 do Código Civil Brasileiro sob o n°. 37959 no 6°. Ofício e outro como **UNIVERSIDADE INTERNACIONAL DE YÔGA**, registrada sob o n°. 232.558/94 no 3°. RTD, com jurisdição mais abrangente, para promover atividades culturais na América Latina e Europa.

DEFINIÇÃO JURÍDICA

UNIVERSIDADE DE YÔGA é o nome do convênio firmado entre a União Nacional de Yôga, as Federações de Yôga dos Estados, e as Universidades Federais, Estaduais, Católicas ou outras particulares que o firmarem, visando à formação de instrutores de Yôga em cursos de extensão universitária. Esse convênio apenas formaliza e dá continuidade ao programa de profissionalização que vem se realizando sob a nossa tutela, naquelas Universidades desde a década de 70 em praticamente todo o país.

PROPOSTA E JUSTIFICATIVA

Queremos compartilhar com você uma das maiores conquistas da nossa classe profissional. Nos moldes das grandes Universidades Livres que existem na Europa e Estados Unidos há muito tempo, foi fundada em 1994 a **Primeira Universidade de Yôga do Brasil**.

Inicialmente, esta entidade não pretende ser um estabelecimento de ensino superior e sim ater-se ao conceito arcaico do termo *universitas*: totalidade, conjunto. Na Idade Média, *universitas* veio a ser usada para designar "corporação". Em Bolonha o termo foi aplicado à *corporação de estudantes*. Em Paris, ao contrário, foi aplicado ao conjunto de professores e alunos (***universitas magistrorum et scholarium***). Em Portugal, *universidade* acha-se documentado no sentido de "*tota-*

lidade, conjunto (de pessoas)", nas Ordenações Afonsinas (Dicionário Etimológico da Língua Portuguesa). O *Dicionário da Língua Portuguesa Contemporânea*, da Academia das Ciências de Lisboa, oferece como primeiro significado da palavra universidade: "conjunto de elementos ou de coisas consideradas no seu todo. Generalidade, totalidade, universalidade". No Brasil, o *Dicionário Michaelis* define como primeiro significado da palavra universidade: "totalidade, universalidade". E o *Dicionário Houaiss*, define como primeiro significado: "qualidade ou condição de universal". Portanto, o conceito de que Universidade seja um conjunto de faculdades é apenas um estereótipo contemporâneo.

Tampouco somos os primeiros a idealizar este tipo de instituição. A Universidade Livre de Música Tom Jobim (mantida pelo Estado de São Paulo), a Universidade Corporativa Visa (de São Paulo), a Universidade SEBRAE de Negócios (de Porto Alegre), a Universidade Holística (de Brasília), a Universidade Livre do Meio Ambiente (de Curitiba), a Universidade de Franchising (de São Paulo) e a Universidade do Cavalo (de São Paulo) são alguns dos muitos exemplos que podemos citar como precedentes.

O que importa é que a sementinha está lançada e queremos compartilhá-la com todos os nossos colegas. Conto com o seu apoio para fazermos uma **UNIVERSIDADE DE YÔGA** digna desse nome!

Com[dor]. DeRose

Conselheiro da Ordem dos Parlamentares do Brasil.
Comendador e Notório Saber em Yôga pela Sociedade Brasileira de Educação e Integração.
Comendador pela Câmara Brasileira de Cultura
Comendador pela Academia Brasileira de Arte, Cultura e História.

INSTRUTORES CREDENCIADOS PELO MÉTODO DeROSE EM TODO O BRASIL E NO EXTERIOR

Peça sempre referências do instrutor pelos nossos telefones

Há mais de 6000 instrutores que foram formados pelo Mestre DeRose em todo o Brasil e no exterior nos últimos quase 50 anos. Não aceite a simples declaração feita por um instrutor ou estabelecimento, de que ele seja nosso representante, filiado ou credenciado. Muita gente o declara sem ser. O fato de terem sido formados por DeRose não significa que estejam filiados à Uni-Yôga ou que sejam supervisionados por ele. Só a supervisão constante, os exames anuais de revalidação e o controle de qualidade do credenciamento podem garantir o padrão de exigência e sobriedade que nos caracterizam.

A MAIOR DO MUNDO

Nossa entidade é a maior rede de Yôga técnico do mundo, com centenas de escolas e associações filiadas no Brasil e noutros países das Américas e Europa. Apesar disso, continuamos com o mesmo zelo e atenção pelo aluno, o que constitui o segredo do nosso sucesso: turmas pequenas, orientação personalizada e instrutores de Yôga formados nas Universidades Federais, Estaduais, Católicas e nas melhores particulares, selecionados entre os que foram aprovados com excelência técnica.

NO ENTANTO, DeROSE SÓ TEM UMA SEDE, NA AL. JAÚ, 2000 EM SÃO PAULO

Levam o nome DeRose as entidades (escolas, núcleos, associações, espaços culturais, federações) que reconhecem a importância da obra desse educador e que acatam a metodologia por ele proposta. É como a rede mundial de escolas Montessori. São milhares. Nem por isso alguém acha que pertençam à professora Maria Montessori. Apenas um endereço pertence ao Mestre DeRose. As demais, cada qual tem o seu proprietário, diretor ou presidente. Todas decidiram associar-se por uma questão de intercâmbio cultural e outras facilidades operacionais. Isso não tem nada a ver com franquia, filiais, sucursais ou assemelhados.

A LISTA DE ENDEREÇOS

Certamente temos uma escola ou associação credenciada perto de você. Desejando a direção da mais próxima, visite o nosso *site* **www.uni-yoga.org** ou entre em contato com a Central de Informações da **União Nacional de Yôga**, tel.: (11) 3064-3949 e 3082-4514.

Por disposição estatutária, só podem ser divulgados como Credenciadas as instituições que estejam em dia com seus compromissos de quaisquer naturezas com a União Nacional de Yôga. Se você solicitar um endereço e a Central informar que essa Unidade está com o "credenciamento sob interdição", isso significa que ela deixou de satisfazer a algum requisito do nosso exigente controle de qualidade. Contudo, esse endereço poderá constar no nosso *site*, na relação de instrutores não filiados à Uni-Yôga ou na de instrutores de outras linhas de Yôga.

Caso você tenha interesse em tornar-se instrutor de SwáSthya Yôga e/ou representá-lo na sua cidade, pegue o telefone e entre em contato conosco agora mesmo. É importante fazer-nos saber que deseja trabalhar conosco e expandir o Yôga pelo nosso país e pelo mundo. Conte conosco. Queremos ajudar você.

INSTRUTORES CREDENCIADOS EFETIVOS

Dispomos de centenas de Instrutores Credenciados em todo o Brasil, Argentina, Chile, Portugal, Espanha, França, Itália, Inglaterra, Alemanha e Estados Unidos. Desejando a direção da Unidade mais próxima, visite o nosso *site* **www.uni-yoga.org** ou entre em contato com a Central de Informações da União Nacional de Yôga, tel.: (11) 3064-3949 e 3082-4514.

FACILIDADE AOS NOSSOS ALUNOS: Se você estiver inscrito em qualquer uma das Unidades Credenciadas, terá o direito de frequentar gratuitamente várias outras Credenciadas quando em viagem, desde que comprove estar em dia com a sua Unidade de origem e apresente o passaporte da Uni-Yôga acompanhado dos documentos solicitados (conveniência esta sujeita à disponibilidade de vaga).

Universidade de Yôga

Uni-Yoga®

Mestre DeRose

SÃO PAULO – AL. JAÚ, 2000 – TEL. (11) 3081-9821 E 3088-9491.
RIO DE JANEIRO – RUA DIAS FERREIRA, 259 COBERTURA – TEL. (21) 2259-8243.
Os demais endereços atualizados você encontra no nosso *website*:

O *site* referência do Yôga

www.uni-yoga.org

Entre no nosso *site* e assista gratuitamente mais de 60 aulas do Mestre DeRose sobre: origens do Yôga, meditação, mantra, sânscrito, alimentação biológica, karma e dharma, chakras, kundaliní, corpos do homem e planos do universo, o tronco do Yôga Pré-Clássico, as 4 grandes linhas do Yôga, os 108 ramos do Yôga, a relação Mestre/discípulo na tradição oriental, hinduismo e escrituras hindus, e outras dezenas de assuntos interessantes.

Faça *download* gratuito de vários livros do Mestre DeRose, bem como CDs com aulas práticas de SwáSthya Yôga, relaxamento, meditação, mantras, mensagens etc., além de acessar os endereços de centenas de instrutores de diversas linhas de Yôga, Yóga, Yoga e ioga.

E, se gostar, recomende nosso *site* aos seus amigos!

www.uni-yoga.org

O *site* referência do Yôga

O *website* da Universidade de Yôga não vende nada. Mas contém uma quantidade inimaginável de informações e instruções – teóricas e práticas – sobre o Yôga Antigo.

O *site* permite *downloads* gratuitos de diversos livros em português e vários em espanhol (brevemente, em inglês, francês, italiano e alemão), MP3 de diversos CDs com aulas práticas de SwáSthya Yôga em português e espanhol, reprogramação emocional, meditação, mantras, música, mensagens etc.

Disponibilizamos mais de 60 aulas gravadas pelo Mestre DeRose, possibilitando a interação com estudantes de todo o Brasil e de todo o mundo. Tudo sem ônus algum. É o único *site* de Yôga com essas características.

Divulgamos gratuitamente os endereços de centenas de instrutores de todos os tipos de Yôga, Yóga, Yoga e ioga. Se você for instrutor e o seu endereço não estiver lá, queira inseri-lo com as ferramentas do próprio *site* ou entrar em contato telefônico com a Administração Central (11) 3064-3949 e 3082-4514.

Acreditamos que esse *site* brasileiro seja o maior *site* de Yôga do mundo, considerando o conteúdo dos livros, fotos, aulas e CDs que podem ser baixados sem custo para o usuário. Além disso, está disponível um farto material (cerca de 50 páginas!) muito bem classificado, especialmente para facilitar o trabalho de jornalistas que tenham alguma pauta relacionada com o tema.

Não abrimos concessão aos modismos estereotipados, nem às invencionices comerciais, nem ao comportamento questionável de vender benefícios, terapias ou misticismos. O trabalho da Uni-Yôga é sério e nosso foco é o Yôga Ancestral, sua filosofia de autoconhecimento e a formação profissionalizante de bons instrutores que tenham essa mesma visão.

Nossa Jurisdição atualmente compreende Brasil, Argentina, Chile, Portugal, Espanha, França, Inglaterra, Escócia, Alemanha, Itália e Estados Unidos. Em experiência: Austrália, Canadá, Havaí e Indonésia.

TRATADO DE YÔGA

TRATADO DE YÔGA (YÔGA SHÁSTRA): Um clássico. É considerada uma obra canônica, a mais completa do mundo em toda a História do Yôga, com 940 páginas e mais de 2000 fotografias. Contém 32 mantras em sânscrito, 108 mudrás do hinduísmo (gestos reflexológicos) com suas ilustrações, 27 kriyás clássicos (atividades de purificação das mucosas), 54 exercícios de concentração e meditação, 58 pránáyámas tradicionais (exercícios respiratórios) e 2100 ásanas (técnicas corporais). Apresenta capítulos sobre karma, chakras, kundaliní (as paranormalidades) e samádhi (o autoconhecimento). Oferece ainda um capítulo sobre alimentação e outro de orientação para o dia-a-dia do praticante de Yôga (como despertar, o banho, o desjejum, a meditação matinal, o trabalho diário etc.). É o único livro que possui uma nota no final dos principais capítulos com orientações especialmente dirigidas aos instrutores de Yôga. Indica uma bibliografia confiável, mostra como identificar os bons livros e ensina a estudá-los.